Quick Guide

Reihe herausgegeben von
Springer Fachmedien Wiesbaden
Wiesbaden, Deutschland

Quick Guides liefern schnell erschließbares, kompaktes und umsetzungsorientiertes Wissen. Leser erhalten mit den Quick Guides verlässliche Fachinformationen, um mitreden, fundiert entscheiden und direkt handeln zu können.

Claudia Salowski

Quick Guide Unconscious Bias

Wie Sie unbewusste Verzerrungen verstehen, erkennen und verändern

Claudia Salowski
Frankfurt am Main
Hessen, Deutschland

ISSN 2662-9240 ISSN 2662-9259 (electronic)
Quick Guide
ISBN 978-3-662-65653-2 ISBN 978-3-662-65654-9 (eBook)
https://doi.org/10.1007/978-3-662-65654-9

Die Deutsche Nationalbibliothek verzeichnet diese Publikation in der Deutschen Nationalbibliografie; detaillierte bibliografische Daten sind im Internet über http://dnb.d-nb.de abrufbar.

© Der/die Herausgeber bzw. der/die Autor(en), exklusiv lizenziert an Springer-Verlag GmbH, DE, ein Teil von Springer Nature 2022
Das Werk einschließlich aller seiner Teile ist urheberrechtlich geschützt. Jede Verwertung, die nicht ausdrücklich vom Urheberrechtsgesetz zugelassen ist, bedarf der vorherigen Zustimmung des Verlags. Das gilt insbesondere für Vervielfältigungen, Bearbeitungen, Übersetzungen, Mikroverfilmungen und die Einspeicherung und Verarbeitung in elektronischen Systemen.
Die Wiedergabe von allgemein beschreibenden Bezeichnungen, Marken, Unternehmensnamen etc. in diesem Werk bedeutet nicht, dass diese frei durch jedermann benutzt werden dürfen. Die Berechtigung zur Benutzung unterliegt, auch ohne gesonderten Hinweis hierzu, den Regeln des Markenrechts. Die Rechte des jeweiligen Zeicheninhabers sind zu beachten.
Der Verlag, die Autoren und die Herausgeber gehen davon aus, dass die Angaben und Informationen in diesem Werk zum Zeitpunkt der Veröffentlichung vollständig und korrekt sind. Weder der Verlag, noch die Autoren oder die Herausgeber übernehmen, ausdrücklich oder implizit, Gewähr für den Inhalt des Werkes, etwaige Fehler oder Äußerungen. Der Verlag bleibt im Hinblick auf geografische Zuordnungen und Gebietsbezeichnungen in veröffentlichten Karten und Institutionsadressen neutral.

Planung/Lektorat: Christine Sheppard
Springer Gabler ist ein Imprint der eingetragenen Gesellschaft Springer-Verlag GmbH, DE und ist ein Teil von Springer Nature.
Die Anschrift der Gesellschaft ist: Heidelberger Platz 3, 14197 Berlin, Germany

Geleitwort

Es fällt uns nicht immer leicht, uns einzugestehen, dass wir jemanden unbewusst diskriminiert haben. Wenn wir bemerken, dass wir Stereotype und Diskriminierungsmuster reproduzieren, die wir klar ablehnen, schämen wir uns. Aber die Scham reicht nicht. Es ist wichtig, dass wir uns bewusst machen, warum wir so gehandelt haben und wie wir das in Zukunft ändern können. Denn das, was wir mit unseren unbewussten Handlungen auslösen, ist für die andere Seite sehr bewusst und real. Es ist eine reale und alltägliche Erfahrung für Menschen in Deutschland, dass sie gemieden werden, weil sie Schwarz sind oder eine dunkle Haarfarbe haben; dass ihnen weniger Durchsetzungskraft zugetraut wird, weil sie eine Frau sind oder dass sie als inkompetent wahrgenommen werden, weil sie keine akademische Sprache sprechen. Viele kleine Mikroaggressionen, die in ihrer Summe dafür sorgen, dass Menschen ausgegrenzt werden, dass Menschen unsicher werden, dass Menschen nicht mehr teilhaben können. Dass sie sich nicht frei in ihrer Gesellschaft bewegen können – sei es im analogen oder im digitalen Raum. Dabei ist es natürlich kein Zufall, dass durch Unconscious Biases einige Gruppen in unserer Gesellschaft auf- und andere abgewertet werden. Denn unterbewusste Vorurteile sorgen dafür, dass bestimmte Gruppen

Privilegien haben – und diese auch behalten. Gleichzeitig stellen sie sicher, dass andere gesellschaftliche Gruppen es schwerer haben: bei der Wohnungsbewerbung, beim Durchbrechen der gläsernen Decke oder bei der Schulempfehlung für das Gymnasium.

Gerade auch in den sozialen Netzwerken werden Vorurteile täglich tausendfach reproduziert. Doch hier geht es oft sehr schnell noch viel weiter als in der analogen Welt: Hier wird offen diskriminiert, es wird rassistisch beleidigt, Frauen werden verächtlich gemacht oder Menschen wegen ihrer Religionszugehörigkeit als gefährlich gebrandmarkt. Wer dagegen spricht, wird oft noch massiver angegriffen, um Widerspruch zum Schweigen zu bringen. So werden Menschen aus diesen digitalen Räumen herausgedrängt, die dort endlich Teilhabe erhalten wollten, die sie in der analogen Welt so nicht hätten haben können. Denn hier, so war die Hoffnung, könne jede Person ihre eigenen Inhalte produzieren und ihre Meinung sagen – und damit an öffentlichen Diskursen und Debatten teilhaben, die ihnen sonst aufgrund von offener Diskriminierung und (unconscious) Biases verwehrt geblieben wären. Der Versuch, dies wahrzumachen, wurde für viele zu einer Gewalterfahrung, die sie schnell zu Zurückhaltung und sogar zu einem Rückzug aus den sozialen Netzwerken zwang. Gleichzeitig führt die ständige Wiederholung von Vorurteilen und diskriminierenden Denkmustern in den sozialen Netzwerken dazu, dass sie sich für die Mitlesenden weiter normalisieren. Dass sie strukturell werden und in ein kollektives Gedächtnis übergehen und so unsere Unconscious Biases verankern und (ver-)stärken.

Für eine demokratische Gesellschaft ist es essenziell, dass Menschen teilhaben können, ohne dass sie aufgrund ihres Aussehens, ihres Glaubens, ihrer Liebesbeziehungen oder anderer Merkmale ausgegrenzt oder abgewertet werden. Genau deswegen ist es so wichtig, dass wir anfangen, uns als Individuen und als Gesellschaft unsere unbewussten Vorurteile und Denkmuster bewusst zu machen. Das erfordert Überwindung, aber auch Mut. Mut deshalb, weil wir uns selbst den Spiegel vorhalten und ganz genau hinsehen müssen. Dahin, wo wir diskriminiert werden und dahin, wo wir selbst auch bewusst oder unbewusst andere diskriminieren. Dahin, wo wir zustimmend nicken, wenn andere benachteiligt werden oder wir schweigen, weil wir selbst nicht betroffen sind. Vermeintlich persönliche Entscheidungen sind dann plötzlich sehr politisch. Es ist wichtig, dass wir uns dessen bewusst werden.

Sich als Individuum oder als Organisation dafür zu öffnen, sich seinen eigenen Unconscious Biases zu stellen, ist der erste Schritt dazu, diese Strukturen aufzubrechen. Es bedeutet, den Weg dafür zu ebnen, die Voraussetzungen für Mitarbeitende, für Kund*innen und Partner*innen strukturell gerechter zu machen. Es bedeutet Verantwortung für das eigene Handeln zu übernehmen und bewusst nicht mehr zu diskriminieren. Und es bedeutet Schritt für Schritt die Struktur dieser Gesellschaft zu verändern – um sie gerechter und lebenswerter für uns alle zu machen. Dieses Buch wird Sie dabei begleiten. Es wird Ihnen helfen, Dinge neu zu sehen, Ihnen Werkzeuge an die Hand geben, wie Sie ihr eigenes und kollektives Handeln besser verstehen können und es wird Sie dabei unterstützen, Veränderungen anzustoßen. Es ist ein Augenöffner und Mutmacher im besten Sinne – auch und gerade, wenn es persönlich wird.

Sommer 2022   Anna-Lena von Hodenberg
Geschäftsführerin von HateAid

Vorwort

Die Beschäftigung mit Diversität ist für Organisationen zu einem zentralen Thema geworden. Wirft man einen Blick auf die vom Zukunftsinstitut definierten 12 Megatrends [1], so stehen gleich mehrere davon mit Diversität in Verbindung, beispielsweise der Megatrend *Gender Shift* (veränderte Rollenmuster und aufbrechende Geschlechterstereotype hin zu einer neuen Kultur des Pluralismus), der Megatrend *Silver Society* (neuer mentaler Zugang zum Altern sowie neue soziale und ökonomische Rahmenbedingungen) oder der Megatrend *New Work* (neues Verständnis von Arbeit, Sinnfrage rückt in den Vordergrund). Das verbindende Element ist sehr plakativ beschrieben in Leila McKenzie Delis' Buch *Diversity, Inclusion and Belonging*.

„Diversity is being invited to the party. Inclusion is being asked to dance. [And] Belonging is dancing like nobody is watching." [2]

In der herausfordernden, komplexen Arbeitswelt, in der wir heute agieren, ist Diversität im Sinne der Vielfalt von Meinungen, von Eigenschaften, von Fähigkeiten, von Erfahrungen, von Hintergründen etc. ein substanzieller Erfolgsfaktor. Und Diversität ist eben nicht

Integration all dieser verschiedenen Elemente in ein homogenes Bild, das alles zu einer undefinierbaren Masse verschwimmen ließe, sondern die Koexistenz all dieser Elemente gerade in ihrer Individualität und Unterschiedlichkeit. Eine Organisation schafft dann eine möglichst diverse Umgebung, wenn sie Rahmenbedingungen unterstützt, die eben diese Koexistenz fördern – so, dass alle sich zugehörig fühlen können und mit ihrer Einzigartigkeit zum gemeinsamen Erfolg beitragen. Ein Element, das dem immer wieder entgegensteht, ist der strukturell bedingte Ausschluss, also die Exklusion, bestimmter Eigenschaften, Merkmale oder gar ganzer Gruppen. Wo Homogenität im Vordergrund steht und Organisationen ihre Mitglieder eher nach Selbstähnlichkeitsaspekten aussuchen, fühlen sich Angehörige von Minderheiten ausgeschlossen, wenn sie denn überhaupt Zutritt erhalten – wenn sie zur Party eingeladen werden, wie McKenzie Delis sagen würde. Und das müssen nicht einmal faktische Minderheiten sein, denken wir nur an die Tatsache, dass Frauen* die Hälfte der Weltbevölkerung ausmachen und dennoch nach wie vor marginalisiert werden.

> In der herausfordernden, komplexen Arbeitswelt, in der wir heute agieren, ist Diversität im Sinne der Vielfalt von Meinungen, von Eigenschaften, von Fähigkeiten, von Erfahrungen, von Hintergründen etc. ein substanzieller Erfolgsfaktor.

Das Verständnis darüber, wie Vorurteile unsere Entscheidungsprozesse in Organisationen beeinflussen können, zahlt also direkt auf den Unternehmenserfolg ein, indem es Diversität möglicher und wahrscheinlicher macht.

Schlägt man den Begriff „Bias" im Cambridge Dictionary nach, findet man dort folgende Definition:

> „A strong feeling in favour of or against one group of people, or on one side in an argument, in a way that influences your decision in an unfair way." [3]

Wir alle nehmen in unseren täglichen Entscheidungen Abkürzungen oder *Shortcuts*, um zu vereinfachen. Das muss so sein, da wir ansonsten bei der schier unglaublichen Fülle an Informationen, die täglich auf uns einwirkt, gar nicht in der Lage wären, Entscheidungen zu treffen. Wo wir im Arbeitskontext jedoch welche Abkürzungen nehmen und vor allem, wo sich das – siehe oben – unfair auswirkt, das beleuchte ich in diesem Quick Guide. Ich betrachte dabei auch Faktoren, die erst seit kürzerer Zeit tatsächlich auch außerhalb der Forschung in den Blick genommen werden, wenn es um Stereotypen, Vorurteile und Diskriminierung geht: Ableismus, also die Diskriminierung aufgrund einer Behinderung, und Klassismus, also Vorurteile, die aufgrund der (zugeschriebenen) Klasse entstehen. Darüber hinaus beschäftigen sich Organisationen nach meiner Kenntnis noch recht wenig mit dem Thema Neurodiversität und der Frage, wie Formate und Angebote innerhalb von Organisationen hier inklusiver gestaltet werden können.

Klassismus ist auch deshalb ein so bedeutsames Thema für Organisationen und für die Gesellschaft, weil es meist vergessen wird. Das Allgemeine Gleichbehandlungsgesetz (AGG), das seit dem Jahr 2000 in Organisationen in Deutschland die rechtliche Grundlage zur Schaffung von Diskriminierungsfreiheit bildet, behandelt Klassismus nicht. Das wirkt sich in Organisationen in unterschiedlichem Maße aus, wie ich zeigen werde, und es ist deshalb so bedeutsam, weil durch Klassismus die Diskriminierung aufgrund anderer (zugeschriebener) Merkmale noch verstärkt werden kann. Damit meine ich: Eine Person kann es aufgrund ihrer (zugeschriebenen) Herkunft, aufgrund einer Behinderung, aufgrund irgendeines Merkmals schwer haben, für einen Arbeitsplatz in Betracht gezogen zu werden. Wenn diese Person jedoch zusätzlich eine jahrelange Historie der Arbeitslosigkeit hat, wenn sie in Armut aufgewachsen ist, wenn sie lediglich sehr eingeschränkten Zugang zu Bildung hatte und/oder sich etwas davon möglicherweise in ihrer Sprache und Wortwahl ausdrückt, dann wirkt die Stereotypisierung aufgrund der (zugeschriebenen) Klasse als Verstärker von Vorurteilen und Diskriminierung.

> Wir sind uns meist unserer eigenen Privilegien nicht bewusst und reagieren empfindlich, wenn unsere Errungenschaften von anderen

> implizit oder explizit auf diese anstatt auf unsere Bemühungen und Leistungen zurückgeführt werden.

In Kap. 1 dieses Buchs erläutere ich, wie aus unbewussten Verzerrungen und Stereotypen Vorurteile und vor allem vorurteilsgetriebene Entscheidungen entstehen können. Ich beleuchte verschiedene Heuristiken und Typen von *Unconscious Bias*, also unbewussten Verzerrungen, vor dem Hintergrund der Funktionsweise unseres Gehirns bezogen auf Entscheidungsprozesse, und schildere die Dynamiken des sogenannten *stereotype threat*, durch den von Stereotypisierung potenziell Betroffene sich allein durch die Möglichkeit, dieser zu unterliegen, in ihrem Verhalten so anpassen, wie sie hoffen, der Stereotypisierung entgehen zu können. Dies wirkt sich sogar nachweislich negativ auf deren Leistung aus. Ich beschreibe ebenfalls, wie es kommt, dass Menschen, die mit ihren eigenen Vorurteilen konfrontiert werden, häufig abwehrend und fragil reagieren. Wir sind uns meist unserer eigenen Privilegien nicht bewusst und reagieren empfindlich, wenn unsere Errungenschaften von anderen implizit oder explizit auf diese anstatt auf unsere Bemühungen und Leistungen zurückgeführt werden. Ich erläutere anschließend, wie Mikroaggressionen und Hate Speech sich auf Menschen auswirken und warum dies für Organisationen von Bedeutung ist und schlage die eingangs bereits erwähnte Brücke zu *Diversity, Inclusion & Belonging* als zentralem Erfolgsfaktor in und für Unternehmen.

Im zweiten Kapitel stelle ich das von mir entwickelte EVE-Modell vor, ein Fünf-Schritte-Modell, mithilfe dessen es gelingt, *Unconscious Bias* zu erkennen, die darunterliegenden Mechanismen und potenziellen Auswirkungen auf Entscheidungsprozesse in Organisationen zu verstehen und schließlich sowohl zu einer alternativen, bewussteren Entscheidung zu kommen als auch die Entscheidungsprozesse als solche (basierend auf Strukturen und Programmen als zentralen Elementen von Organisationen) systematisch und regelmäßig auf den Prüfstand zu stellen. Den Abschluss dieses zweiten Kapitels bilden Blicke auf konkrete Kontexte: *Gender Bias* und *Age Bias* als zwei für Organisationen (siehe Megatrends) besonders bedeutsame Formen von Voreingenommenheiten, außerdem Ableismus und Klassismus als in Organisationen bislang nur sehr eingeschränkt thematisierte Formen von Diskriminierung. Schon hier sei darauf hingewiesen, dass mein Modell keinesfalls als Lösung im Sinne einer Befreiung von Diskriminierung zu verstehen ist. Die Funktionsweise unseres Gehirns wird sich dadurch, Sie ahnen es vermutlich, geschätzte Leser*innen, natürlich nicht verändern, aber es kann durchaus gelingen, die Aufmerksamkeit, die das Thema in der Breite der Organisation erhält, zu verändern.

Das dritte Kapitel schließlich wirft einen genaueren Blick auf eben jene Möglichkeiten, *Unconscious Bias* in Organisationen zum Thema zu machen, dafür zu sensibilisieren und dementsprechend ein höheres Maß an Aufmerksamkeit in den Strukturen und Programmen der Organisation zu verankern. Beispielhaft geschieht dies an der Frage der Wirksamkeit von Trainings sowie an verschiedenen Beispielen von Praxistipps und sogenannten *Nudges*, kleiner Entscheidungshilfen also, die genutzt werden können, um Verzerrungen zu reduzieren oder gar auszuschließen.

Ein Erfolgsfaktor für die Sensibilisierung zum Thema *Unconscious Bias* – so wie zu vielen anderen Themen auch – ist die Gestaltung von Trainings und anderen Maßnahmen um für die Zielgruppe (arbeitsplatz-)relevanten Beispiele herum. Daher finden sich entlang der Inhalte dieses Buchs immer wieder konkrete Beispiele aus meiner eigenen Beratungserfahrung sowie aus Organisationen, in die mir ein tieferer Einblick gewährt wurde. Ihnen als Leser*in und ggf. verantwortlicher Person in Ihrer Organisation obliegt es, die Verknüpfungen zu Ihrem konkreten Organisationskontext zu schaffen. Ein erster wichtiger Schritt dazu ist, dieses Buch mit einer von Neugier geprägten inneren Haltung zu lesen ganz im Sinne Otto Scharmers, der sagt:

> „Die Art und Weise, wie wir uns als Einzelne oder als Gruppe in eine Situation hineinbewegen, bestimmt, wie sich eine Situation weiterentwickelt. Die Qualität der Aufmerksamkeit, die wir in eine Situation einbringen, bedingt die Art und Weise, wie Wirklichkeit entsteht und in die Welt kommt." [4]

In diesem Sinne wünsche ich Ihnen eine aufmerksame und erkenntnisreiche Lektüre.

> Diverse Studien belegen, dass Repräsentation auch durch Sprache geschaffen werden kann und dass gendersensible Sprache dazu führt, dass die Bilder in den Köpfen der Lesenden alle Geschlechtsvarianten einschließen. Daher verwende ich in diesem Buch, wo immer möglich, inklusive Sprache oder Formulierungen mit dem sogenannten Gendersternchen, also beispielsweise Leser*innen.

im Mai 2022 Claudia Salowski

Literatur

1. https://www.zukunftsinstitut.de/dossier/megatrends/#12-megatrends, zuletzt abgerufen am 01.05.2022
2. McKenzie Delis, Leila (2019): Diversity, Inclusion & Belonging. A Leadership Guide about Why Everyone Matters and How to Make Everyone Feel Like They Do. Lulu.com, S. 33 f
3. bias1 noun – Definition, pictures, pronunciation and usage notes | Oxford Learner's Dictionary of Academic English at OxfordLearnersDictionaries.com, zuletzt abgerufen am 01.05.2022
4. Scharmer, O./Käufer, K (2008): Führung vor der leeren Leinwand. In: OrganisationsEntwicklung Nr. 2/2008, S. 7

Inhaltsverzeichnis

1	**Unconscious Bias: Die Wirkweise unbewusster Verzerrungen**	**1**
1.1	Arten von Entscheidungen	2
1.2	Reduzierung von Komplexität	3
1.3	Urteilsheuristiken	6
1.4	Unconscious Biases	8
1.5	Ingroup vs. Outgroup	13
1.6	Stereotype Threat	17
1.7	Unbewusste Privilegien	19
1.8	Gender Fatigue	23
1.9	Das Diskriminierungs-Paradox	25
1.10	Mikroaggressionen	26
1.11	Diffamierung und Hate Speech	28
1.12	Mit Empathie gegen Hate Speech	33
1.13	Zur Bedeutung von Sprache	35
1.14	Unconscious Bias im Organisationskontext	43
1.15	Das übergeordnete Ziel: Diversity, Inclusion & Belonging	46
	Literatur	50

2	**Unconscious Bias erkennen**	**55**
2.1	Zwei Kategorien von Unconscious Biases	56
2.2	Die Macht der Gewohnheit	58
2.3	Unconscious Bias erkennen (E)	60
2.4	Unconscious Bias verstehen (V)	68
2.5	Eine alternative Entscheidung treffen (E)	74
2.6	Anwendungsgebiete	84
	2.6.1 Gender Bias – Voreingenommenheiten aufgrund des sozialen Geschlechts	85
	2.6.2 Age Bias – Voreingenommenheiten aufgrund des Alters	93
	2.6.3 „Race" Bias – Voreingenommenheiten aufgrund der (zugeschriebenen) Herkunft oder der Hautfarbe	96
	2.6.4 Ableismus – Diskriminierung aufgrund einer körperlichen Behinderung oder geistigen Beeinträchtigung	101
	2.6.5 Klassismus – Diskriminierung aufgrund der sozialen Klasse	105
	Literatur	114
3	**Unconscious Bias überwinden**	**119**
3.1	Ganzheitlicher Blick auf die Organisation und ihre Entwicklung	120
3.2	Drei Interventionsebenen	121
3.3	Awareness schaffen für *Unconscious Biases*	123
3.4	Zur Wirksamkeit von *Unconscious Bias* Trainings	133
3.5	Veränderung in der Interaktion	138
3.6	Veränderung von Normen	141
	Literatur	145
4	**Fazit**	**147**

1

Unconscious Bias: Die Wirkweise unbewusster Verzerrungen

„It's not that we have bias because we are bad people – it's because we are people."
(Joelle Emerson)

Was Sie aus diesem Kapitel mitnehmen

1. *Unconscious Biases*, unbewusste Verzerrungen, haben wir alle, und sie sind in vielen Fällen durchaus hilfreich, weil sie uns die Verarbeitung von Informationen und das Treffen von Entscheidungen erleichtern oder überhaupt möglich machen.
2. Problematisch wird dies, wenn unsere unbewussten Verzerrungen Stereotypisierungen beinhalten oder erzeugen, und wenn wir auf Basis dieser Bewertungen (Fehl-)Entscheidungen treffen.
3. Für Organisationen und ihre Mitglieder ist die Entwicklung eines stärkeren Bewusstseins über diese Mechanismen insofern bedeutsam, als sie enormes Potenzial einbüßen können, wenn Verzerrungen und Vorurteile zur Exklusion bestimmter Gruppen oder Einzelpersonen führen.

1.1 Arten von Entscheidungen

Aus der Hirnforschung wissen wir, dass wir pro Tag mehr als 20.000 Entscheidungen treffen müssen, Daniel Kahneman, Autor des Bestsellers *Schnelles Denken, langsames Denken* [1], geht sogar von rund 40 Mio. Entscheidungen am Tag aus, wenn auch unbewusste Vorgänge wie Atemzüge, Blicke etc. als Entscheidungen gewertet werden. Oft sind dies Entscheidungen, die wir akut in der jeweiligen Situation treffen müssen, über die wir nicht länger als wenige Sekunden oder sogar Sekundenbruchteile nachdenken können. „Noch nie konnten wir so viel entscheiden wie heute", heißt es in einem Beitrag von ZEIT Wissen, „die vielen Möglichkeiten machen uns das Leben schwer" [2]. Grob könnte man das Repertoire unserer täglichen Entscheidungserfordernisse in die nachfolgenden Kategorien einteilen:

> *Würden wir alle Entscheidungen eines Tages als Ergebnis eines bewussten, analytischen Denk- und Auswahlprozesses treffen, hätte dieser Tag bei weitem nicht genügend Stunden.*

- **Verhaltensentscheidungen,** die im Autopiloten ablaufen, beispielsweise Aufstehen, Duschen, Zähneputzen;
- **Auswahlentscheidungen** aus verschiedenen Optionen, also für eine Option und gegen alle anderen, beispielsweise die Wahl der Kleidung für diesen Tag, die Wahl des Frühstücks;
- **Reaktion auf Verhalten** anderer Personen uns gegenüber – unterscheidbar in unbewusst/unterbewusst ablaufende Reaktionen (den sogenannten „Autopiloten") und bewusst gewählte Reaktionen, beispielsweise Reaktionen auf Störungen oder Fragen, wenn wir gerade an etwas konzentriert arbeiten oder mit jemandem telefonieren und eine andere Person den Raum betritt und uns anspricht;
- **Entscheidungen als Folge eines analytischen Denkprozesses,** beispielsweise für welchen Job wir uns bewerben, welches Auto wir kaufen oder in welcher Form wir uns zur Frage des Klimaschutzes verhalten wollen.

1 Unconscious Bias: Die Wirkweise unbewusster Verzerrungen

Allein anhand dieser Einteilung wird bereits deutlich: Würden wir alle diese Entscheidungen als Ergebnis eines bewussten, analytischen Denk- und Auswahlprozesses treffen, hätte der Tag bei weitem nicht genügend Stunden – ganz abgesehen davon, dass wir mindestens in Kategorie 3, wenn es um unseren „Autopiloten" geht, so manche Situation mit dieser Strategie gar nicht überleben würden – man denke nur an den großstädtischen Straßenverkehr. Wir können also gar nicht anders, als die Komplexität unserer Entscheidungsprozesse bestmöglich zu reduzieren.

1.2 Reduzierung von Komplexität

Spätestens seit der Einführung des Begriffes der VUCA-Welt ist uns die Reduzierung von Komplexität ein geläufiger Begriff. VUCA steht für Volatility, Uncertainty, Complexity und Ambiguity. Das Konzept wurde in den späten 1980er Jahren zuerst vom amerikanischen Militär verwendet, um die einschneidende Veränderung der Welt nach dem Ende des Kalten Krieges zu beschreiben. Ab Beginn der 2000er Jahre hielt es dann auch Einzug in das strategische Management von Organisationen, insbesondere vor dem Hintergrund von Globalisierung und Digitalisierung. Letztendlich ist jedoch die Idee des Entscheidens unter Unsicherheit nicht erst mit diesem Begriff entstanden, sondern beschäftigt verschiedene Fachrichtungen schon deutlich länger, beispielsweise die Psychologie und die Soziologie, hier insbesondere die Organisationstheorie.

Ein weit verbreitetes Muster, „die Komplexität der Welt zu beherrschen", schreibt Fritz B. Simon, „besteht im Ursache-Wirkungs-Denken" [3]. Wir glauben, durch unser Verhalten Systeme direkt und kausal beeinflussen zu können – was bei Maschinen noch zutreffen mag: Wenn ich den Einschaltknopf des Fernsehers drücke, besteht eine hohe Wahrscheinlichkeit, dass sich das Gerät dadurch in der Tat einschaltet, es sei denn, ich habe vergessen, das Gerät per Stecker mit dem Stromnetz zu verbinden.

> *Wir glauben, durch unser Verhalten Systeme direkt und kausal beeinflussen zu können.*

Schwieriger wird es, wenn wir uns einbilden, unser Verhalten stünde in direktem Ursache-Wirkungs-Zusammenhang innerhalb sozialer Systeme, wenn wir beispielsweise als Führungskraft eine Anweisung ins Team geben oder als Vorständin die strategische Ausrichtung der Organisation mitentscheiden. Darüber hinaus sind für Organisationen besonders solche Entscheidungen von Bedeutung, die, wie Heinz von Foerster sagt, unentscheidbar sind [4], denn alle anderen sind ja schon entschieden. Unentscheidbare Entscheidungen sind solche, die nur innerhalb eines Kontextes gedacht (und letztendlich entschieden) werden können, solche also, bei denen man etwas lapidar sagen könnte: Es kommt darauf an. Führungskräfte in Organisationen sehen sich bei solchen Entscheidungen mit logischen Paradoxien konfrontiert, d. h. die Entscheidungsoptionen sind ggf. miteinander unvereinbar (Abb. 1.1).

Das ist für Organisationen deshalb elementar, weil die Organisation als Konstrukt ursprünglich genau aus der Frage der Unvereinbarkeit entstanden ist. Wenn ein*e Unternehmer*in startet, dann tut sie*er dies mit einer (hoffentlich) guten und vielversprechenden Idee, zunächst aber einmal alleine. Sie*er kann sich dann Mitstreiter*innen suchen, die insbesondere einem Zweck dienen: der Auflösung der Unvereinbarkeit mehrerer Tätigkeiten und Bereiche. Ich kann als Unternehmerin nicht

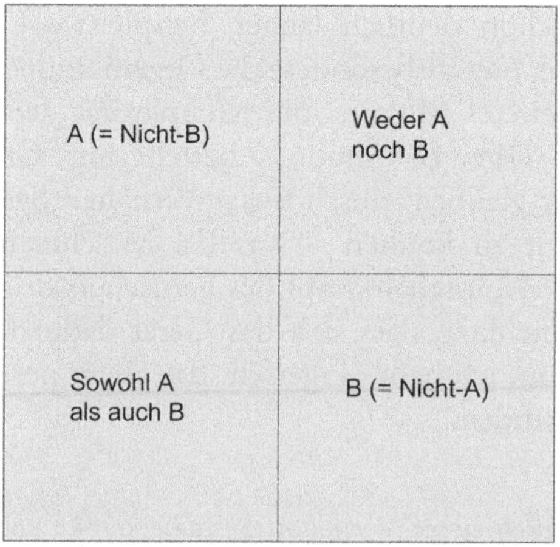

A (= Nicht-B)	Weder A noch B
Sowohl A als auch B	B (= Nicht-A)

Abb. 1.1 Das Tetralemma

gleichzeitig Waren herstellen, diese vermarkten und noch die Buchhaltung erledigen. Entweder mache ich das alles nacheinander – dann braucht es enorm viel Zeit –, oder ich löse die logische Unvereinbarkeit, indem ich diverse Aufgaben in unterschiedliche Hände gebe, sodass alles gleichzeitig, aber eben von verschiedenen Personen (oder Teams oder Abteilungen) erledigt werden kann. Was ich mir als Organisation (bzw. letztendlich als Unternehmer*in) damit einhandle, ist jedoch, dass ich nicht mehr alleine entscheide, denke, beurteile, sondern lediglich einen Rahmen vorgeben und darauf hoffen kann, dass andere entsprechend in meinem Sinne handeln (entscheiden).

Dass die Fragen, mit denen wir uns als Führungskräfte tagtäglich beschäftigen, im Grunde genommen nicht final lösbar, weil logisch paradox sind, ist jedoch etwas, das nur selten im Bewusstsein von Führungskräften (oder Organisationen) verankert ist. Denn häufig versuchen wir, in einer Welt der Unsicherheit und Uneindeutigkeit so zu tun, als seien Sachverhalte eben doch eindeutig und daher einfach zu entscheiden. In der Systemischen Organisationsberatung bezeichnen wir das als Negation im Kontext der Paradoxiebewältigung: Indem wir eine Seite negieren und so tun, als gäbe es sie nicht, sind wir in der Lage, eine (vermeintliche) Eindeutigkeit herzustellen, aus der sich die (wie wir glauben: logische) Entscheidung doch von selbst ergibt. Ein Beispiel dafür ist die Frage, ob ein Unternehmen eher auf Innovation oder auf Tradition setzen soll. Wenn dieses Unternehmen im Sinne der Negation einer Seite nun so tut, als sei gar keine Innovation notwendig, da man die Bedürfnisse und Erfordernisse des Marktes in der Vergangenheit (Tradition) ja schon immer habe verstehen und bedienen können, wird die ungewisse Seite (beispielsweise, dass sich der Markt auch verändern kann, und zwar unvorhersehbar, und dann Innovation überlebensnotwendig werden könnte) einfach ausgeblendet. Sehr plakativ kann man das am berühmten, dem ehemaligen Vorstandsvorsitzenden von IBM, Thomas Watson, zugeschriebenen Ausspruch zeigen, es gäbe auf der Welt „einen Bedarf von vielleicht fünf Computern". Unabhängig davon, ob er das 1943 tatsächlich gesagt hat, illustriert es eine Fehleinschätzung, wie sie sich auch im 20. Jahrhundert am Beispiel der Digitalisierung vielfach gezeigt hat – die Entscheidung von Nokia, nicht (rechtzeitig) ins Rennen um die

Smartphones einzusteigen, oder die Hypothese Kodaks, die Digitalfotografie werde sich nicht durchsetzen, sind weitere bekannte Beispiele für die Bewältigungsstrategie der Negation. Übrigens meint der Begriff Bewältigungsstrategie nicht, dass es sich hierbei um eine bewusste Entscheidung für die Negation handelt. Vielmehr zeigt sich hier ein weiterer Kontext, in dem *Biases* zu anderen Einschätzungen der Situation führen als bewusstes analytisches Denken, das sich etwa im Konstruieren von Szenarien vollzöge.

> Unser System 1 gaukelt uns in vielen Entscheidungssituationen Kausalzusammenhänge vor, wo allenfalls Korrelationen zu finden sind.

Auch meinen wir, wenn wir analytisches Denken nutzen (das, was Kahneman mit „System-2-Denken" bezeichnet), stützten wir uns stets auf sorgfältig durchdachte Fakten, und dieses Denken stünde in klarer Abgrenzung zu solchen Entscheidungen, die wir intuitiv oder – in Kahnemans Begrifflichkeit – mit „System-1-Denken" treffen. Kahneman stellt jedoch fest, dass sich ein Großteil unseres Denkens als Vermächtnis der Evolution intuitiv vollzieht, und zwar im Zuge der Reduktion von Komplexität, die wir nicht gebrauchen können, wenn wir in einer Gefahrensituation zwischen „fight", „flight" und „freeze" entscheiden müssen. Die große Schwierigkeit daran ist jedoch, dass wir heute in einer Welt leben, in der genau aufgrund dieser Komplexität die Einteilung in gefährliche und lebensbedrohliche oder ungefährliche Situationen, die also, für die die Evolution das intuitive Entscheiden zur Sicherung des Überlebens eingerichtet hat, alles andere als trivial ist. Und so gaukelt uns unser System 1 in vielen Entscheidungssituationen Kausalzusammenhänge vor, wo allenfalls Korrelationen zu finden sind.

1.3 Urteilsheuristiken

Heuristiken dienen als Abkürzungen, um zu Entscheidungen zu gelangen. Sie helfen uns, auch in solchen Situationen entscheiden zu können, in denen uns (selbst unter Anwendung von „System-2-Denken") nicht alle notwendigen Informationen zur Verfügung stehen, die wir für eine fundierte Entscheidung zu brauchen glauben. Daher ersetzen wir beispielsweise mittels der **Verfügbarkeitsheuristik** eine komplexe Fragestellung durch eine weniger komplexe, die im Zusammenhang mit der eigentlichen Fragestellung steht, zu der uns aber mehr und/oder fundiertere Informationen zur Verfügung stehen. Wenn beispielsweise in dem Sportverein, in dem wir Mitglied sind, Vorstandswahlen anstehen und sich eine Person erstmals zur Wahl stellt, die in der Vergangenheit bereits als Organisator*in der jährlichen Weihnachtsfeier in Erscheinung getreten ist, dann besteht die Wahrscheinlichkeit, dass wir die Frage, für wie geeignet wir diese Person für einen Vorstandsposten halten, aufgrund von Informationen und Erfahrungen dazu beantworten, wie kompetent sie uns bei eben jener Organisation der Weihnachtsfeier vorkam. Wir vermuten eine Kausalität – *weil* die Person erfolgreich eine Weihnachtsfeier organisiert hat, schreiben wir ihr auch Kompetenz für den Vorstandsposten zu –, wo allenfalls eine Korrelation gegeben ist: Die Person hat erfolgreich eine Weihnachtsfeier organisiert, *und* es kann außerdem sein, dass sie für den Vorstandsposten geeignet ist. Diesen Unterschied machen wir uns aber im Rahmen unserer Zuschreibung (und der Entscheidung, sie zu wählen oder nicht) möglicherweise gar nicht bewusst. Dennoch glauben wir, wir hätten auf der Basis analytischen Denkens entschieden.

Einen ähnlichen Effekt erleben wir, wenn wir der **Repräsentativitätsheuristik** unterliegen. Dann überschätzen wir den Grad der Übereinstimmung zwischen einer Stichprobe und der Grundgesamtheit und nutzen diesen Grad als Grundlage für unsere Entscheidung. Wir lassen uns also, vereinfacht gesagt, aufgrund einer Einzelfallinformation in unserer Entscheidungsfindung beeinflussen, weil wir glauben, dieser Einzelfall – oder eine Reihe von Einzelfällen – sei(en) repräsentativ für die Grundgesamtheit. Wenn wir beispielsweise im Bekanntenkreis von unerwünschten Werbeanrufen gehört haben, die von einer bestimmten Ortsvorwahl ausgingen, ist die Wahrscheinlichkeit hoch, dass wir misstrauisch das nächste Gespräch annehmen, das von einer uns nicht bekannten Nummer mit entsprechender Ortsvorwahl eingeht.

1.4 Unconscious Biases

Unbewusste Verzerrungen oder Voreingenommenheiten, engl. *Unconscious Biases,* sind genau solche Konstrukte, die in einem intuitiven Entscheidungsprozess zu einem Urteil führen, von dem wir meinen, es mittels analytischen Denkens gefällt zu haben. An diesem Verkürzungsprozess an sich ist zunächst einmal nichts Verwerfliches – er dient, wie beschrieben, der Reduzierung von Komplexität. Diese Reduzierung ist notwendig, damit wir die Vielzahl von täglich zu treffenden Entscheidungen überhaupt bewältigen können. Problematisch werden diese Verzerrungen oder Voreingenommenheiten dann, wenn sie sich in Form von Vorverurteilungen auswirken, die ungerechtfertigt sind und in ihrer Konsequenz zum Ausschluss, zur Diffamierung oder Diskriminierung von Personen oder Personengruppen führen.

> *Mit der Konvention ist auch eine Bewertung verknüpft: Wer sich angemessen dazu verhält, gehört dazu, wer gegen sie verstößt, läuft Gefahr, ausgegrenzt und (vor-) verurteilt zu werden.*

Das lässt sich an einem sehr einfachen Beispiel illustrieren: an unserem Verhalten, wenn wir an einer roten Fußgängerampel stehen. Wir haben die Regel verinnerlicht – in der Kindheit durch möglicherweise sehr eindrückliche Hinweise unserer Erziehungspersonen gelernt –, dass man bei Rot steht und bei Grün geht. Das tun die meisten von uns auch dann, wenn weit und breit kein Auto zu sehen ist und wir daher auch bei roter Ampel gefahrlos die Straße überqueren könnten. Dass man nur bei grüner Ampel die Straße überquert, ist nicht nur eine Regel, es ist auch zur gesellschaftlichen Konvention geworden, und wenn man sich entgegen dieser Konvention verhält, handelt man sich im Zweifelsfall kritische Blicke oder gar deutliche Worte ein (außer in Berlin, aber das ist eine andere Geschichte). An Fußgängerampeln verhält sich die Mehrheitsgesellschaft der Norm entsprechend, und wer davon abweicht, wird für dieses nichtkonforme Verhalten kritisiert. Es geht bei einer solchen Norm oder Konvention also nicht nur um die Frage der Sinnhaftigkeit einer Regel, deren Zweck es vordringlich ist,

1 Unconscious Bias: Die Wirkweise unbewusster Verzerrungen

den Entscheidungsprozess abzukürzen und so zu regeln, dass es möglichst nicht zu Zusammenstößen kommt. Mit der Konvention ist auch eine Bewertung verknüpft: Wer sich angemessen dazu verhält, gehört dazu, wer gegen sie verstößt, läuft Gefahr, ausgegrenzt und (vor-) verurteilt zu werden.

Wir müssen jedoch zwischen verschiedenen Kategorien unterscheiden, um nicht gleich alles nichtkonforme in einen Topf zu werfen: Es gibt einen Unterschied zwischen Aufmerksamkeitsfokussierung, Stereotypen und Vorurteilen. Aufmerksamkeitsfokussierung können wir uns vorstellen als den Lichtkegel einer Taschenlampe, der immer nur einen bestimmten Teil des Bildes ausleuchten kann. Manche Merkmale fallen uns bei der Betrachtung einer Person, einer Sache oder einer Situation zuerst und/oder am eindrücklichsten auf, sodass wir eine Fokussierung vornehmen und alles andere an den Rand oder gar ganz aus dem Blickfeld rückt. Stereotypen sind Verkürzungen in der Wahrnehmung einer sozialen Gruppe, die wir vornehmen – oft gehen sie einher mit der oben beschriebenen Repräsentativitätsheuristik. Entlang des Urteils, das wir uns über eine geringe Anzahl an Repräsentant*innen einer bestimmten sozialen Gruppe gebildet haben, blicken wir auf die Gesamtheit dieser sozialen Gruppe: wir entindividualisieren. In unserem Ampel-Beispiel geschieht das etwa, wenn wir eine Person mit bunt gefärbten Haaren dabei beobachten, wie sie trotz roter Fußgängerampel die Straße überquert und wir uns selbst dabei erwischen zu denken: „War ja klar!" Wenn nun noch eine (emotional behaftete) Bewertung bestimmter Merkmale und in der Folge der damit verbundenen sozialen Gruppe stattfindet, sprechen wir von Vorurteilen.

„Anders als bewusste Meinungen, Präferenzen und Stereotype, die das Ergebnis von bewussten und kontrollierbaren Gedanken und Überzeugungen sind, sind *Implicit Biases* unbewusst und unabsichtlich. Sie sind das, von dem wir nicht denken, dass wir es denken [...]." [5]

Der Begriff Implicit Bias wird u. a. im „Project Implicit" an der Harvard University verwendet. Dieses Projekt ist ein Zusammenschluss internationaler Forscher*innen, die sich für den Bereich der „implicit social cognition" interessieren, für die Gedanken und Gefühle also, die außerhalb unserer bewussten Aufmerksamkeit und Kontrolle verortet werden [6]. Im Rahmen dieses Non-Profit-Projektes ist der sogenannte IAT – Implicit Association Test – entstanden, der häufig in Trainings zum Thema *Unconscious Bias* verwendet wird. Im Test steht man vor der Aufgabe, am Computer Begriffe nach links oder rechts zu sortieren, um sie der jeweils mit dieser Seite des Bildschirms verbundenen Kategorie zuzuordnen. Insgesamt umfasst dieser Test fünf Teile: Im ersten Teil geht es um die Zuordnung von bestimmten Konzeptkategorien, beispielsweise schlank vs. dick. Im zweiten Teil werden Begriffe normativen Kategorien (gut vs. schlecht) zugeordnet. Der dritte Teil beinhaltet eine Kombination aus den in Teil 1 und Teil 2 abgefragten Kategorien, beispielsweise also die Kombination aus „dick" und „gut" oder „dick" und schlecht" sowie entsprechend „schlank" und „schlecht" oder „schlank" und „gut. Die Verortung am rechten oder linken Bildschirmrand wechselt schließlich im vierten Teil, sodass nun nochmals bewusst über die Zuordnung nachgedacht werden muss. Außerdem wird die Anzahl der Begriffe erhöht und damit der Übungseffekt möglichst gering gehalten. Im letzten Teil schließlich wird die Kombination aus Teil 3 nochmals aufgegriffen, aber ins Gegenteil verkehrt. Fand sich in Teil 3 die Kombination aus „dick" und „gut", so wird „dick" nun „schlecht" zugeordnet. Gemessen wird im Test vor allem, wie schnell eine Testperson im dritten und zum Vergleich im fünften Teil des Tests Zuordnungen vornimmt:

> „The Implicit Association Test (IAT) measures the strength of associations between concepts (e.g., black people, gay people) and evaluations (e.g., good, bad) or stereotypes (e.g., athletic, clumsy). The main idea is that making a response is easier when closely related items share the same response key." [6]

Es gibt jedoch gerade in letzter Zeit vermehrt Kritik am Einsatz des IAT in Trainings zu *Unconscious Bias,* die vorwiegend darauf beruht, dass der Test in missverständlichem (oder missverstandenem) Kontext eingesetzt wird. Er ist weniger dazu geeignet, individuelle Ergebnisse zu messen, kann aber durchaus dazu dienen, ein generelles Verständnis davon zu erhalten, wie verbreitet *Implicit Bias* nach wie vor in der Gesellschaft

1 Unconscious Bias: Die Wirkweise unbewusster Verzerrungen

Abb. 1.2 Das Johari-Fenster

(oder in einer Organisation) ist. Der Test zeigt uns deutlicher als unsere Selbsteinschätzung, wo und wie intensiv wir unbewussten Verzerrungen unterliegen, er hilft uns dabei, sogenannte blinde Flecken bei uns selbst zu entdecken.

Hintergrund: Unsere blinden Flecken
Um zu verstehen, dass und warum wir oft nicht nur mit Überraschung, sondern gar mit Zurückweisung reagieren, wenn es um unsere eigenen Verzerrungen und Vorurteile geht, ist ein Blick auf das Konzept der blinden Flecken hilfreich. Die Sozialpsychologen Joseph Luft und Harry Ingham entwickelten im Rahmen eines Experiments in den 1950er Jahren das sogenannte Johari-Fenster, das die Unterschiede zwischen Selbst- und Fremdwahrnehmung einer Person illustriert. Es stellt die Bereiche gegenüber, die der Person selbst sowie anderen bekannt oder unbekannt sind. Aus dieser Kombination der Dimensionen ergeben sich vier Felder (siehe Abb. 1.2): Dinge, die mir und anderen bekannt sind (auch als meine „öffentliche Person" bezeichnet); Dinge die mir bekannt und anderen unbekannt sind („mein Geheimnis"); Dinge, die sowohl mir als auch anderen unbekannt sind („Unbekanntes") sowie eben jener blinde Fleck, Dinge also, die andere an mir beobachten, die mir selbst jedoch unbekannt sind. Dieser Bereich des blinden Flecks ist die Quelle für Weiterentwicklung und Lernen auf der Basis von Feedback. Hierbei ist meine Weiterentwicklung jedoch nur dann möglich,

wenn mir die blinden Flecken von Anderen gespiegelt werden, denn ich kann nichts verändern, das mir nicht bekannt ist. Wenn sich blinde Flecken ohne mein Zutun doch verändern, dann zufällig, also ohne mein bewusstes Handeln.

Potenziell problematisch sind demnach besonders jene Verzerrungen und Vorurteile, die wir haben, ohne dass sie uns bewusst wären und ohne dass wir sie beabsichtigen. Auch bei bewussten (also uns bekannten) Verzerrungen und Vorurteilen kann eine Veränderung stattfinden, hier greifen jedoch andere Mechanismen, die ich in Kap. 2 intensiver beleuchte. Bleiben wir zunächst bei den Unterschieden zwischen den drei Kategorien Aufmerksamkeitsfokussierung, Stereotyp und Vorurteil. Tab. 1.1 zeigt, wie aus einer Beobachtung und Beschreibung im Rahmen der Aufmerksamkeitsfokussierung eine Kategorisierung („Schubladendenken") und schließlich eine wertende Zuschreibung werden kann. Schon die Kategorisierung, die eine Verkürzung und Vereinfachung im Sinne der Komplexitätsreduktion darstellt, ist möglicherweise falsch, sie kann mindestens unüberlegt geschehen sein. Genau hier werden Wertungen und Zuschreibungen problematisch, wenn wir nämlich unzulässige Verkürzungen und Wertungen vornehmen, eben weil sich unser Gehirn nicht zu lange mit der Einordnung befassen will.

Tab. 1.1 Drei Kategorien von Verkürzungen

Aufmerksamkeitsfokussierung	*Stereotyp*	*Vorurteil*
Eine Frau mit dunklem Teint und schwarzen langen Haaren betritt den Raum. In der Betrachtung stehen diese Merkmale im Vordergrund.	Sie wird als Südländerin stereotypisiert.	Südländerinnen wird besonderes Temperament und Emotionalität zugeschrieben, daher wird diese Person als „zu temperamentvoll" vorverurteilt und möglicherweise in einem Bewerbungsprozess für eine Position, bei der das Treffen „faktenbasierter Entscheidungen" als zentral angesehen wird, nicht berücksichtigt.

Quelle: Eigene Darstellung

> *Potenziell problematisch sind besonders jene Verzerrungen und Vorurteile, die wir haben, ohne dass sie uns bewusst wären und ohne dass wir sie beabsichtigen.*

1.5 Ingroup vs. Outgroup

Stereotype und Vorurteile treten häufig besonders dort zutage, wo eine Abgrenzung von sozialen Gruppen voneinander geschieht: Eine soziale Gruppe, der ich selbst nicht angehöre (Outgroup) wird von der sozialen Gruppe, der ich selbst angehöre (Ingroup) unterschieden und dadurch abgegrenzt. Dies hat seinen Ursprung in der Art und Weise, wie unser Selbstkonzept, unsere soziale Identität entsteht. Hierzu trägt in erheblichem Maße bei, welchen sozialen Gruppen wir uns zugehörig fühlen. Die Merkmale, die wir und andere diesen sozialen Gruppen zuschreiben, schreiben wir im Rahmen unseres Selbstkonzeptes dann mit hoher Wahrscheinlichkeit auch uns selbst zu; mindestens gelten sie uns aber als Maßstab, den wir bei der Selbstbeschreibung anlegen. Ein recht eingängiges Beispiel sind bestimmte Sportvereine, denen gewisse Merkmale zugeschrieben werden, die dann auch auf ihre Mitglieder projiziert werden: Wer, um einen Klassiker zu bedienen, Fan des Fußballvereins Schalke 04 ist, von dem*der hat man ein anderes Bild im Kopf als von einem Fan des FC Bayern München. Und wer, anstatt sich für Fußball zu interessieren, lieber auf den Golfplatz geht, dem*der schreiben wir unbewusst ebenfalls ganz andere Merkmale zu. (Ich interessiere mich für beide und weitere Sportarten und erlebe entsprechende Zuschreibungen recht häufig.)

Im Kontext von Organisationen könnten solche Gruppenunterscheidungen schon bezogen auf die jeweiligen Rollen innerhalb der Organisation stattfinden, beispielsweise wenn die Gruppe derer mit Führungsverantwortung von der Gruppe derer ohne Führungsverantwortung unterschieden wird – je nach Organisation auch gerne mit „die da oben" und „wir hier unten" bezeichnet. In dieser Bezeichnung schwingt bereits eine Bewertung mit: „Die da oben" haben das Sagen und treffen Entscheidungen, während „wir hier unten" diese ausbaden müssen, und das, obwohl „wir hier unten" doch viel eher beurteilen könnten, was wie funktioniert, denn „wir hier unten" müssen es schließlich ausführen, haben die Detailkenntnis und die Erfahrung. Umgekehrt würden „die da oben" über sich selbst wohl eher sagen, dass sie den Weitblick haben, um Entscheidungen besser in den jeweiligen Kontext einordnen (vgl. den Hinweis zu Heinz von Foerster in Abschn. 1.2) und damit angemessenere Entscheidungen treffen zu können. Mit der Wertung wird aus der Unterschiedlichkeit eine Abgrenzung, und tendenziell wird es anderen Mitgliedern derselben Gruppe leichter fallen, die Perspektive dieser Gruppe zu verstehen und zu vertreten, als sich in die der anderen Gruppe hineinzuversetzen.

> *Ziel dieser unbewussten Selektion ist es, die Kongruenz unseres Selbstkonzepts so weit wie möglich zu erhalten.*

Der **Identity Bias** führt dazu, dass wir positive Merkmale eher unserer Ingroup zuschreiben und (den Umgang mit) Personen bevorzugen, die eine hohe Ähnlichkeit mit diesen Merkmalen aufweisen, während wir Personen, auf die diese Merkmale weniger zutreffen (Outgroups) entsprechend weniger bevorzugen. Ziel dieser unbewussten Selektion ist es, die Kongruenz unseres Selbstkonzepts soweit wie möglich zu erhalten. Das lässt sich häufig auch daran beobachten, dass wir Feedback eher ablehnen, wenn es Eigenschaften oder Verhaltensweisen betrifft, die wir nicht unserer Ingroup und nicht uns selbst zuordnen würden. Unser Selbstwertgefühl als Folge unseres Selbst-Bewusstseins versuchen wir dadurch zu stärken, dass wir eher jene Informationen zulassen, die uns in unserer Selbstwahrnehmung bestätigen.

Kübra Gümüşay spricht in ihrem Buch *Sprache und Sein* von zwei Kategorien von Menschen: den **Benannten** und den **Unbenannten:**

> „Lassen Sie uns Sprache als einen Ort denken. Als ein ungeheuer großes Museum, in dem uns die Welt da draußen erklärt wird. Wochen, Monate, Jahre, ein ganzes Leben könnten Sie in diesem Museum verbringen. Je mehr Zeit Sie dort verbringen, desto mehr Dinge begreifen Sie. [...] Es gibt zwei Kategorien von Menschen in diesem Museum:

Die *Benannten* und die *Unbenannten*. Die *Unbenannten* sind Menschen, deren Existenz nicht hinterfragt wird. Sie sind der Standard. Die Norm. Der Maßstab. Unbeschwert und frei laufen die Unbenannten durch das Museum der Sprache. Denn es ist für Menschen wie sie gemacht. Es zeigt die Welt aus ihrer Perspektive." [7]

Im Versuch der *Unbenannten,* die *Benannten* zu verstehen, werden diese jedoch von den *Unbenannten* im Kollektiv analysiert und beschrieben. Sie werden „mit einem Kollektivnamen und einer Definition" versehen, „die sie auf die Merkmale und Eigenschaften reduziert, die den Unbenannten an ihnen bemerkenswert erscheinen". Dieses „Andersmachen" [8] oder im Englischen „Othering" zeigt sich in verschiedenen Phänomenen [9]:

- Der **Affinity Bias** beschreibt, dass wir uns innerhalb unserer Ingroup sicher fühlen und innerhalb dieser Gruppe auch leichter Empathie empfinden können. Wer so ist wie wir, in den*die können wir uns leichter hineinversetzen und damit besser einfühlen. Überdies verspüren wir innerhalb unserer Ingroup eher ein Interesse daran, einzelne Mitglieder in ihrer Individualität zu erfassen und kennenzulernen. (Geringfügige) Unterschiede zum Selbstkonzept werden hier also akzeptiert.
- Demgegenüber fühlen wir uns eher unsicher und unbehaglich mit allem und allen, das/die nicht so sind wie unsere Ingroup. Dieses Unbehagen erschwert es uns, Mitgefühl zu empfinden. Interessant (und folgenreich) ist auch, dass wir dazu tendieren, Outgroups homogener wahrzunehmen als unsere Ingroup, d. h. wir schreiben einzelnen Mitgliedern einer Outgroup die Individualität ab und betrachten sie mittels der Stereotype, die wir dieser sozialen Gruppe insgesamt zuschreiben: Weil eine Person einer bestimmten sozialen Gruppe zugehörig ist, der stereotypisch ein Merkmal oder eine Eigenschaft zugeschrieben wird, schreiben wir dieser Einzelperson dieses Merkmal oder diese Eigenschaft ebenfalls zu. Beispielsweise findet sich in der Leichtathletik die Zuschreibung, Schwarze Personen seien prädestinierte Läufer*innen. Ein weiteres plakatives Beispiel sind bestimmte Kategorien von Witzen („Blondinenwitze")

oder die Zuschreibung, Menschen, die Informatik studiert haben, seien „Nerds". Besonders problematisch ist, dass wir dazu neigen, uns kaum für Unterschiede zwischen einzelnen Angehörigen einer Outgroup zu interessieren. Überdies fokussieren wir häufig eher darauf, was wir für negativ an einer Outgroup halten als darauf, was wir an unserer Ingroup positiv empfinden.

- Der **Confirmation Bias** führt nun noch überdies dazu, dass wir eher Informationen in unsere Urteilsbildung einbeziehen, die bestätigen, was wir bereits wissen oder zu wissen glauben. Damit reduzieren wir Objektivität und mögliche Irritationen des bereits gebildeten Urteils, denn diese Selbstbestätigung erschwert es neuen/anderen Informationen, überhaupt ins System zu gelangen. Wir fühlen uns wohler, wenn sich bestätigt, was wir bereits kennen.

Hinzu kommt, dass wir eigenes Verhalten und das Verhalten anderer unterschiedlich bewerten. Wenn wir uns selbst beobachten, gelingt es uns, im Rahmen der Introspektion nicht nur unser Verhalten als solches zu beobachten, sondern wir sind uns auch der darunterliegenden Intentionen gewahr – oder können sie uns zumindest ins Bewusstsein rufen, im Zweifelsfall auch mittels einer nachträglichen Zurechnung. Das Verhalten anderer können wir zwar ebenfalls beobachten, deren Intentionen jedoch liegen außerhalb des für uns Sichtbaren (vgl. Abb. 1.3), was uns allerdings nicht davon abhält, Hypothesen dazu

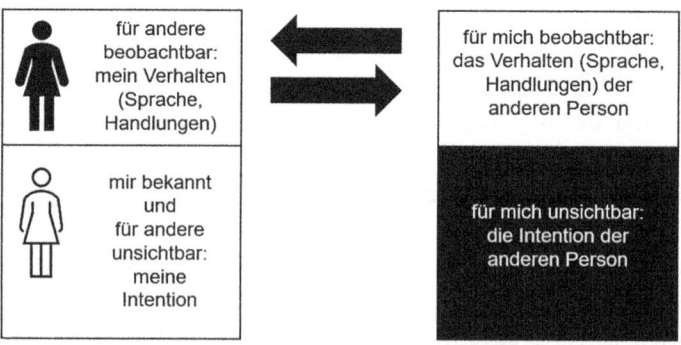

Abb. 1.3 Wie wir Verhalten bewerten

aufzustellen, Zuschreibungen vorzunehmen und damit Wirklichkeitskonstruktionen zu erzeugen. Wir bewerten das Verhalten einer anderen Person also quasi automatisch mitsamt der zugeschriebenen Intention, und diese steht in direkter Verbindung mit der Zugehörigkeit besagter Person zu bestimmten sozialen Gruppen und den daran angehefteten Merkmalen. Dieser Mechanismus wird als **Attribution Bias** bezeichnet.

1.6 Stereotype Threat

Eine problematische Auswirkung von Stereotypen und unbewussten Verzerrungen oder Voreingenommenheiten ist eine Anpassung des Verhaltens bei jenen, die von diesen Stereotypen, Verzerrungen und Voreingenommenheiten betroffen sind. Wenn diese Personen ihr Verhalten dahingehend verändern, dass sie sich möglichst entgegen des Stereotyps präsentieren, um gar nicht erst in den Verdacht zu geraten, dem Stereotyp zu entsprechen, bezeichnet man dies als *stereotype threat:*

> „The stereotype threat is the fear that our performance may be viewed through a biased lens. The fear of being judged and stereotyped can affect performance on important tasks. When stereotypic representations of behavior are activated, related behaviors are also activated." [10]

Dies ist eine mögliche Erklärung für das sog. *Queen Bee Syndrome,* das beschreibt, wie Frauen in Männerdomänen sich immer stärker im Sinne maskuliner Zuschreibungen verhalten, um nicht als zu „weiblich" gelesen und beurteilt zu werden, also beispielsweise zu weich, zu verständnisvoll, zu emotional etc., was dem Stereotyp über weibliche Führungskräfte entsprechen würde. Um also gar nicht erst Gefahr zu laufen, als zu „weiblich" im Sinne dieser Zuschreibungen wahrgenommen zu werden, führt der *stereotype threat* zur Anpassung des Verhaltens in Richtung des entsprechenden Gegenteils. Hinzu kommt beim Bienenköniginnensyndrom, dass Frauen, die sich so verhalten, es häufig auch anderen Frauen besonders schwer machen, ihnen nachzufolgen.

Der Zusammenhang mit der Leistung der sich so anpassenden Person liegt darin, dass der Aufwand für die Anpassung des Verhaltens so hoch ist, dass weniger Ressourcen für die Erledigung der eigentlichen Aufgaben zur Verfügung stehen. Im schlimmsten Fall führt der *stereotype threat* zu einem so eklatanten Leistungsabfall, dass man von einer sich im Sinne des Stereotypen selbst erfüllenden Prophezeiung sprechen kann: Eine weibliche Führungskraft (um im Beispiel zu bleiben) wendet so viel Kraft auf, um nicht als zu weich, verständnisvoll, einfühlsam zu gelten und zeigt sich gleichzeitig bewusst hart, kompromisslos und sachbezogen, dass sie letztendlich in ihrer Führungsaufgabe scheitert – mit dem Ergebnis, dass man in der Organisation zum Schluss kommt, Frauen seien eben doch nicht für gewisse Führungsaufgaben geeignet. Emilia Roig schreibt dazu, dass „Menschen, die kein Privileg der Individualität genießen, (…) besonders bestrebt (sind), keinen schlechten Eindruck und möglichst wenig Fehler zu machen" [11].

Menschen, die sich vom *stereotype threat* betroffen oder bedroht sehen, reagieren häufig mit sogenannten *covering strategies* [12], um das, was zu ihrer Stereotypisierung führen könnte, zu verdecken. Zu diesen Strategien zählen Veränderungen im Aussehen *(appearance),* um sich dem äußeren Erscheinungsbild der Mehrheit anzupassen, beispielsweise indem traditionelle oder religiös konnotierte Kleidungsstücke nicht getragen werden (etwa Kopftücher oder traditionelle Gewänder); die Vermeidung bestimmter Gewohnheiten oder Gesprächsinhalte (beispielsweise als Eltern nicht über die Kinder und damit verbundene Erlebnisse zu berichten) und stattdessen Anpassung an den Mainstream *(affiliation);* das Zurückschrecken vor der Parteinahme für andere, die als von Diskriminierung betroffen beobachtet werden, das bewusste Nichteinschreiten in entsprechenden Situationen, um selbst nicht aufzufallen *(advocacy);* bis hin zur Vermeidung des Kontakts mit anderen Angehörigen der eigenen Gruppe/Minderheit zugunsten des Kontakts mit Angehörigen der Mehrheit *(association).*

> *Je inklusiver Organisationen ein Umfeld gestalten – und damit ist echte Inklusion gemeint, also die Koexistenz von Individuen, die sein dürfen, wie sie sind –, desto mehr können sie von der Energie aller Organisationsmitglieder profitieren.*

Diese Strategien kosten viel Kraft und wirken sich emotional auf die betroffenen Personen aus, und sie führen eher zum *fitting in*, zur Anpassung an die Mehrheitsgesellschaft, als zum Gefühl der Zugehörigkeit. Für Organisationen ist die möglichst umfassende Vermeidung von *stereotype threat*-Verhalten deswegen von Bedeutung, weil ansonsten eine Menge Energie verloren geht, die sehr viel produktiver eingesetzt werden könnte, wenn Personen eben nicht das Gefühl hätten, sich vor Stereotypisierung schützen zu müssen. Je inklusiver Organisationen ein Umfeld gestalten – und damit ist echte Inklusion gemeint, also die Koexistenz von Individuen, die sein dürfen, wie sie sind –, desto mehr können sie von der Energie aller Organisationsmitglieder profitieren.

1.7 Unbewusste Privilegien

Wenn wir unter Stress stehen, unter Zeitdruck, oder wenn der Einfluss innerhalb unserer sogenannten Echokammer[1] besonders stark ist, verstärken sich unsere Voreingenommenheiten und Vorurteile. Den gleichen Effekt erleben wir, wenn unser Selbstkonzept infrage gestellt oder angegriffen wird und wir den Impuls haben, uns dagegen verteidigen zu müssen. Wir reagieren, indem wir unseren Blick auf die Welt noch stärker einschränken und verkürzen. Häufig zeigt sich dieses Defensivverhalten insbesondere dann, wenn wir den Eindruck haben,

---

[1] Der Begriff „Echokammer" bezeichnet klassischerweise in der Tontechnik einen Raum innerhalb eines Tonstudios, der den Schall reflektiert und zurückwirft und so ein analoges Echo erzeugen kann. Im Kontext des Internets werden die Begriffe Filterblase (beschreibt den Raum, der durch Filter auf Plattformen wie Facebook oder Instagram durch Algorithmen entsteht, die uns nur bestimmte Beiträge sehen lassen bzw. mehr von dem, womit wir viel Zeit verbringen, was wir „liken" oder kommentieren) und Echokammer häufig synonym verwendet. *Das Nettz*, die Vernetzungsstelle gegen Hate Speech, unterscheidet beide jedoch voneinander und definiert die Echo-Kammer als das Phänomen, „dass viele Menschen dazu neigen, sich nur mit Gleichgesinnten zu umgeben, um ihre Meinung zu einem bestimmten Thema bestätigt zu bekommen […]. Diese Echokammer kann ebenfalls dazu führen, dass sich die Meinung zu einem Thema radikalisiert, da sich die Menschen innerhalb dieser Echokammer immer weiter gegenseitig aufpeitschen und keine Reflexion mehr stattfindet." [15]

unberechtigterweise mit unseren eigenen Vorurteilen konfrontiert zu werden. Die amerikanische Soziologin Robin DiAngelo nennt diesen Mechanismus als Reaktion auf die Konfrontation mit dem eigenen Rassismus „White Fragility" [13] – die instinktive Abwehr und das Nach-vorne-Stellen eigener vermeintlicher Diskriminierungserfahrungen. Einen vergleichbaren Effekt erleben Frauen*[2], die auf **Gender Bias** und daraus resultierende Diskriminierung hinweisen (Abschn. 2.4).

Eng mit diesem Konzept verknüpft ist der Gedanke, dass den Inhaber*innen bestimmter Privilegien diese meist überhaupt nicht bewusst sind. Dies schildert sehr eindrucksvoll ein in den USA produziertes Video, in dem ein Trainer eine Gruppe Studierender, die als Individuen unterschiedliche Hintergründe mitbringen, mit der Frage konfrontiert, welche Privilegien ihnen zugänglich seien. Immer dann, wenn ein bestimmtes Privileg, das vom Trainer angesagt wird, auf eine Person zutrifft, soll diese zwei Schritte nach vorne gehen. Auf wen das genannte Privileg nicht zutrifft, die*der bleibt stehen. Am Ende der Übung zeigt sich sehr deutlich, welche unterschiedlichen Startbedingungen für das Rennen um den 100-Dollar-Schein – das zuvor angekündigte Ziel der Übung – sich durch die verschiedenen Privilegien ergeben. Weiße, männliche Studierende finden sich so bereits vor dem Start des „Rennens" sehr viel näher am Ziel wieder als andere Personen. Die Journalistinnen Hadija Haruna-Oelker und Dunja Hayali haben dies 2020 einmal fürs Fernsehen umgesetzt, und die amerikanische Soziologin Arlie Russell Hochschild verdeutlicht dies in ihrem Buch *Fremd in ihrem Land: Eine Reise ins Herz der amerikanischen Rechten* anhand des Bildes einer Schlange, in der sich alle Amerikaner*innen anstellten, um auf ihren Teil des amerikanischen Traums zu warten. Es sei sehr voll in der Schlange, und wenn man sich umschaue, sehe man im vorderen Teil der Schlange Privilegierte, nämlich mehrheitlich weiße ältere Männer christ-

---

[2] Mit der Schreibweise Frauen* soll verdeutlicht werden, dass hier nicht nur Frauen, die sich selbst als solche identifizieren, gemeint sind. Gemeint sind alle Personen, die sich selbst als weiblich oder nicht-binär identifizieren (siehe dazu auch den Abschnitt über genderneutrale Sprache).

1 Unconscious Bias: Die Wirkweise unbewusster Verzerrungen

lichen Glaubens, teils mit, teils ohne College-Abschluss. Wenn diese Personen nach hinten blickten, schauten sie auf die Personen, die nicht (so) privilegiert sind, hauptsächlich People of Color, arme Menschen, die meisten von ihnen ohne College-Abschluss. Dieser Blick zurück mag den einen oder anderen Privilegierten mit Angst und auch Traurigkeit erfüllen, grundsätzlich ist er aber davon begleitet, den Personen da hinten viel Glück zu wünschen. Wenn nun jedoch – durch die Frauenquote, durch spezielle Maßnahmen im Rahmen von *Diversity, Inclusion & Belonging* – Personen aus dieser Schlange zur Seite treten und an den Privilegierten vorbei weiter nach vorne gehen, um sich nun dort einzureihen, dann werden die vormals Privilegierten wütend:

„Ihr Vordrängeln fühlt sich an, als würdest du zurückgedrängt. Wie können sie das bloß machen? Wer sind die? Einige sind schwarz. Durch die vom Staat durchgedrückten Antidiskriminierungsmaßnahmen bekommen sie bevorzugt Plätze an Colleges und Universitäten, Ausbildungsplätze, Jobs, Sozialleistungen und kostenloses Mittagessen und nehmen im Denken der Menschen einen gewissen geheimen Raum ein [...]. Frauen, Einwanderer, Flüchtlinge, Angestellte im öffentlichen Dienst – wo soll das enden? Dein Geld rinnt durch das Sieb liberaler Sympathien, auf das du keinen Einfluss hast und mit dem du nicht einverstanden bist. Solche Chancen hättest du zu deiner Zeit gerne gehabt [...]." [14]

Da sich die Personen, die bisher weiter vorne in der Schlange standen, jedoch meist nicht ihrer Privilegien bewusst sind, tritt nun ein Effekt ein, den man *Loss-Aversion Bias* nennt. Verlustaversion bezeichnet sowohl in der Psychologie als auch in der Ökonomie die Tendenz, Verlusten mehr Gewicht beizumessen als Gewinnen. Vereinfacht könnte man sagen, dass wir es mehr hassen zu verlieren, als wir es lieben zu gewinnen. Kahneman und Tversky führten in den 1970er Jahren hierzu Experimente durch, in denen sie beobachteten, dass der erwartete negative Nutzen eines Verlusts intensiver von den Probanden erlebt wurde als der erwartete positive Nutzen eines gleich großen Gewinns [16]. In Entscheidungssituationen, besagt die Prospect-Theorie, die Kahneman und Tversky aus den Forschungsergebnissen entwickelten, beeinflusst die Verlustaversion unser Risikoverhalten und führt dazu, dass wir uns bei großen Gewinnen und kleinen Verlusten eher risikoavers verhalten, also Risiken zu vermeiden versuchen, während bei kleinen Gewinnen und großen Verlusten das Gegenteil der Fall ist: wir verhalten uns risikofreudiger. Um es mit einem Bild zu beschreiben, das den ersten Satz aus Hochschilds Beschreibung oben illustriert: Wenn ich hungrig bin und mir eine leckere Mahlzeit gönne, wiegt dieser Gewinn, nachdem die Mahlzeit einmal vertilgt ist, nicht mehr sehr lange nach. Wenn ich jedoch hungrig bin und anderen dabei zuschauen muss, wie sie etwas Leckeres essen, ich selbst bekomme aber nichts ab, fühlt sich dieser Verlust sehr schmerzhaft für mich an. Ähnliches gilt für die Frage der eigenen Privilegien: Wenn ich als weißer Mann mit Universitätsabschluss eine Führungsposition bekomme, denke ich sehr wahrscheinlich nicht darüber nach, aus welchen Gründen (und ggf. aufgrund welcher Privilegien) ich diese erhalten habe. Wenn sie jedoch jemand anderes bekommt, empfinde ich das als ungerecht mir gegenüber und als Verlust. Wenn also beispielsweise in Sachen Frauenquote immer wieder betont wird, Männer verlören ja nichts aufgrund dieser Quote, muss man dem durchaus widersprechen, denn Männer verlieren in der Tat Führungspositionen, wenn diese mit Frauen besetzt werden. Die Positionen sind ja in den seltensten Fällen zusätzliche, sondern die Gesamtanzahl der Positionen bleibt gleich, lediglich die Verteilung verändert sich. Der *loss-aversion bias* führt dann in diesen Fällen dazu, dass Männer die Besetzung von Führungspositionen mit Frauen, nur weil diese eben Frauen sind, als ungerecht empfinden. Sie verwehren sich also dagegen – aus Sorge um den eigenen Verlust. Da dieser Effekt jedoch unbewusst stattfindet und weitere Voreingenommenheiten hinzukommen, erklärt man sich die Situation tendenziell eher z. B. damit, Frauen seien weniger geeignet für Führungspositionen[3] und es sei zudem

---

[3] Siehe hierzu beispielsweise die Erläuterungen des Software-Konzerns SAP zur Entscheidung 2020, Jennifer Morgan aus der Doppelspitze des Unternehmens zu entlassen – in Krisenzeiten seien klare und eindeutige Entscheidungen gefragt. „Diese Krise ist mit nichts vergleichbar und macht Schnelligkeit, Klarheit und Entschlossenheit dringend notwendig", wird Aufsichtsratschef Hasso Plattner beispielsweise im SPIEGEL dazu zitiert. [18]

ungerecht, dass Frauen für Führungspositionen in Betracht gezogen würden, nur weil sie Frauen seien; es müsse doch nach Leistung gehen. Dass auch bei der Besetzung von Führungspositionen mit Männern nur begrenzt auf Leistung als Kriterium zurückgegriffen werden kann, weil diese ja erst nach Besetzen der Position gezeigt werden kann, wird hierbei vergessen. Meine Kollegin Ute Clement formuliert es in ihrem Buch *Frauen führen besser* wie folgt:

> „Das Argument [Qualität statt Quote, Anm. d. Verf.] wird dabei so aufgezogen, dass es scheint, als ginge es den Quotengegner*innen darum, das Gleichgewicht zwischen den Geschlechtern zu erhalten oder zu fördern: Leistung ist das, worauf es ankommt. Die Leistung, die jede/r Einzelne erbringt, muss Früchte tragen, und niemand, egal ob Mann oder Frau, darf eine Stelle nur aufgrund des Geschlechts (nicht) bekommen. Aber [...] wir müssen uns eingestehen, dass es bei der Besetzung von Führungspositionen nicht nur auf Eignung und Fähigkeit ankommt, sondern auch auf das Geschlecht. Die Begründung, dass Frauen es auch ohne Quote in die Vorstände etc. schaffen würden, wenn sie denn nur gut genug wären, ist somit gegenstandslos." [17]

1.8 Gender Fatigue

Ein Phänomen, das auch im Kontext anderer Biases angewendet werden kann, ist der von der Universitätsprofessorin Elizabeth Kelan geprägte Begriff der *gender fatigue,* im Deutschen könnte man dies mit Gendermüdigkeit übersetzen. Gemeint ist die Müdigkeit – man könnte es auch als Überdrüssigkeit bezeichnen – die entsteht, weil wir uns unserer eigenen Wahrnehmung nach schon so lange und so intensiv mit dem Thema *gender equality* beschäftigen, in unserem direkten Umfeld wenig Fortschritt zu beobachten ist.

> „Organizations have worked towards achieving gender equality for decades. They've invested resources into developing women's careers. They've implemented bias awareness training. Those at the top, including many CEOs, have made public commitments to make their workplaces

more fair and equitable. And, still, despite all of this, progress towards gender equality has been limited. In fact, many managers struggle to recognize gender inequalities in daily workplace interactions." [19]

Einer der Gründe für diese Diskrepanz sei, so Kelan, dass wir zwar durchaus akzeptieren, dass Geschlechterungleichheit existiert, wir jedoch der Meinung sind, diese existiere in unserem direkten Umfeld nicht. Im Rahmen ihrer Forschung fand Kelan vier unterschiedliche Muster, die die von ihr befragten Personen nutzten, um diese Diskrepanz zu erklären:

1. Geschlechterungleichheit existiert, aber eher in anderen Organisationen oder Ländern.
2. Geschlechterungleichheit existierte in der Vergangenheit, etwa bis vor zwanzig Jahren.
3. Geschlechterungleichheit kann in Organisationen gar nicht mehr existieren, weil Frauen heutzutage bevorzugt behandelt werden.
4. Ungleichheiten existieren, haben aber nichts mit dem Geschlecht der betroffenen Personen zu tun.

Wichtig für die Bewältigung dieses Phänomens ist nach Kelan sowohl die Realität anzuerkennen – dass Ungleichheit, häufig in Form sexistischer Mikroaggressionen (siehe Abschn. 1.10) nach wie vor existiert, als auch entsprechende Vorfälle als Lerngelegenheit wahrzunehmen, anstatt mit dem Finger auf verursachende Personen zu zeigen. Anstatt sich schuldig zu fühlen oder anderen dieses Gefühl zu vermitteln, sollten alle Beteiligten darüber nachdenken und sich dazu austauschen, was sie wie anders machen können – insbesondere in der Interaktion (vgl. Abschn. 2.3 sowie Abschn. 3.5). Außerdem sei wichtig, insbesondere Frauen dabei zu unterstützen, Ungleichbehandlungen auch als solche wahrzunehmen. Diese haben, so Kelan, häufig sehr ausgeprägte Coping-Mechanismen entwickelt, sodass sie Ungleichbehandlungen oder beispielsweise sexistische Sprache ignorieren, anders erklären oder versuchen, mit Humor zu entkräften.

1.9 Das Diskriminierungs-Paradox

Der promovierte Soziologe Aladin El-Mafaalani verweist in seinem Buch *Wozu Rassismus?* darauf, dass paradoxerweise die Tatsache, dass seit einigen Jahren immer mehr über Diskriminierung gesprochen wird, ein Hinweis darauf ist, dass immer weniger Diskriminierung stattfindet. Denn weil, so argumentiert er, immer mehr marginalisierte Gruppen Zugang zum Diskurs haben und auf (auch strukturelle und institutionelle) Diskriminierung hinweisen können, findet die Diskriminierung als solche de facto seltener statt:

> „Für Status und Chancen einer Person in der Gesellschaft spielt eine spezifische Herkunft oder Identität eine immer geringere Rolle, und *deshalb* nimmt die Herkunft oder Identität im öffentlichen Diskurs einen immer größeren Raum ein. Immer mehr Menschen aus benachteiligten Gruppen haben nun die Macht und die Kompetenz, sich zu organisieren und in den Diskurs einzubringen. Das heißt: Weil es weniger Diskriminierung gibt, können Diskriminierte über Diskriminierung sprechen." [20]

> Es ist also ausgesprochen lohnens- und daher empfehlenswert, Diskriminierung innerhalb der Gesellschaft und innerhalb der Organisationen, in denen wir Mitglieder sind, zur Sprache zu bringen und den Diskurs darüber so offen wie möglich zu führen.

Das heißt jedoch nicht, dass wir uns als Gesellschaft oder innerhalb von Organisationen jetzt entspannt zurücklehnen und glauben sollten, das Problem sei gelöst, denn, so El-Mafaalani, es handelt sich dabei um eine Zwischenphase, in der „immer weniger Menschen (…) aus dem öffentlichen Diskurs ausgeschlossen" seien. Dadurch, so stellt er klar, „dass immer häufiger und lauter über Diskriminierung gesprochen wird, kann schnell der Eindruck entstehen, alles sei schlimmer geworden" [20]. Das Gegenteil sei jedoch der Fall:

„Ungleichbehandlungen oder gar Erniedrigungen fallen dann am stärksten auf, wenn sie aus dem Rahmen fallen, also: wenn sie nicht mehr die alles bestimmende Regel sind" [20]. Es ist also ausgesprochen lohnens- und daher empfehlenswert, Diskriminierung innerhalb der Gesellschaft und innerhalb der Organisationen, in denen wir Mitglieder sind, zur Sprache zu bringen und den Diskurs darüber so offen wie möglich zu führen.

Wie die Gesellschaft sich schwertut, mit Diskriminierung umzugehen, beschreibt die Journalistin und Autorin Hadija Haruna-Oelker in ihrem Buch *Die Schönheit der Differenz*:

> „(...) rassistische Praktiken [sind] Jahrhunderte alt, sie haben sich verändert und ihren Gesellschaften angepasst. Sie haben sich so sehr in unsere Geschichte, Kultur und Sprache eingeschrieben, dass wir bis heute mit bestimmten Erzählungen sozialisiert werden und viele übernehmen, auch wenn wir das nicht wollen. […] Damit ist eine Gesellschaft so rassistisch, wie sie ihren Rassismus nicht erkennt, ihn weiterlebt und nicht bespricht. […] Es ist der unbeabsichtigte Fußtritt, der deshalb manchem eine Entschuldigung schwer macht, weil wir gelernt haben, uns nur dann zu entschuldigen, wenn wir auch Schuld fühlen." [21]

1.10 Mikroaggressionen

Häufig erleben wir subtile Arten von Diskriminierung, die als Mikroaggressionen bezeichnet werden. Damit sind Kommentare oder Handlungen gemeint, mit denen einer Person gegenüber Ablehnung ausgedrückt wird oder die eine Person erniedrigen, und zwar aufgrund von Merkmalen, die Teil ihrer Identität sind, also Aussehen, Sprache, Herkunft, Religion, sexuelle Orientierung etc. Beispielsweise erleben Schwarze Menschen laut Studien zweieinhalb mal so wahrscheinlich Verwunderung über ihre Beherrschung der Landessprache (womit unterstellt wird, sie seien aufgrund ihrer äußeren Erscheinung sicher nicht „von hier"). Gleiches gilt für die Frage „Woher kommst du?", auf die, wenn die betreffende Person of Color mit beispielsweise ihrer Geburtsstadt in Deutschland antwortet, der Hinweis folgt:

„Nein, woher kommst du eigentlich?" Was damit gemeint ist, erläutert unter anderem Minh-Khai Phan-Thi in ihrem 2020 gestarteten Podcast „Anderssein", in dem sie beschreibt, dass es der fragenden Person dabei unterschwellig darum geht, deutlich zu machen: „Du bist nicht von hier." Oder: „Du gehörst hier nicht her." Ebenso werden beispielsweise häufig Bemerkungen über die Haare Schwarzer Personen gemacht bis hin zum Versuch, sie zu berühren – eine Mikroaggression, der sich weiße Menschen für gewöhnlich nicht ausgesetzt sehen. Zu Mikroaggressionen gehören außerdem sexistische oder rassistische Kommentare oder Witze, ebenso Aussagen, die abfällig gegenüber Menschen mit Behinderung sind. In einer Studie der Recruiting-Firma Glassdoor wurde 2019 festgestellt, dass rund jede dritte Person Diskriminierung am Arbeitsplatz entweder selbst bereits erlebt oder bei anderen beobachtet hat. An erster Stelle rangiert in dieser Studie die Diskriminierung aufgrund des Geschlechts, gefolgt von Alter und rassistischer Diskriminierung. [22]

In den Bereich der Mikroaggressionen fallen auch Verhaltensweisen wie die Unterbrechung des*der Sprecher*in in einem Meeting oder einer Diskussion. Einer Studie der George Washington University zufolge unterbrechen männliche Personen Frauen 33 % häufiger als Männer. [23]

Sich mit Mikroaggressionen zu beschäftigen, ist im Kontext von *Unconscious Biases* deshalb von Bedeutung, weil Forschungsergebnisse eine Verbindung nahelegen zwischen kleinen Signalen wie denen, die z. B. mittels sexistischer Sprache, sexistischer oder gar gewaltverherrlichender Witze ausgesendet werden, und tatsächlicher Gewalt, und zwar sowohl körperlicher als auch sexualisierter Gewalt bis hin zu struktureller Gewalt und Femiziden[4]. Weitere Faktoren, die beispielsweise schon das

---

[4] Mit dem Begriff „Femizid" wird die Tötung von Frauen bezeichnet, die einzig und allein aus dem Grund geschieht, dass sie Frauen sind. Das Europäische Institut für Gleichstellungsfragen liefert beispielsweise folgende Definition: „Von privaten oder öffentlichen Akteuren begangene oder tolerierte Tötung von Frauen und Mädchen wegen ihres Geschlechts"[27]. In den Medien wird häufig von „Familiendramen" oder „Ehrenmorden" gesprochen, wenn es sich tatsächlich um Femizide handelt. [28]

Auftreten von sexueller Belästigung in Organisationen wahrscheinlicher machen, sind laut der Forschung von Marianne Cooper: Erstens eine sogenannte „locker-room culture", also eine männerdominierte Atmosphäre, in der Sprache ggf. schon sexualisiert aufgeladen ist, zweitens eine streng hierarchische Umgebung, in der durch klare Unter- und Überordnungsverhältnisse Abhängigkeit von Entscheidungen entstehen kann und das eigene Schicksal innerhalb der Organisation (Beförderung, Stellenbesetzung etc.) von Einzelpersonen stark abhängig ist und Machtmissbrauch stattfinden kann. Der dritte Faktor ist jedoch der bedeutsamste: Wenn unangemessenes Verhalten innerhalb einer Organisation nicht sanktioniert wird und beobachtbar ist, dass Grenzverletzungen keine Konsequenzen nach sich ziehen. [24]

1.11 Diffamierung und Hate Speech

Ein besonders weitreichendes Problem ist durch die gesellschaftlichen Veränderungen im Zuge der Einführung und verstärkter Nutzung der sozialen Medien entstanden. „Vorurteilsgeleitete Taten", heißt es im Forschungsbericht des Instituts für Demokratie und Zivilgesellschaft von 2019, „sind in niedrigschwelliger Form Alltag im Netz" [25]. Die permanente Verfügbarkeit und Veröffentlichbarkeit von Ideen, Positionen und Meinungen sowie die Möglichkeit, dass – sofern dies nicht von jeweiligen Nutzenden eingeschränkt wird – jede*r Kommentare zu allem veröffentlichen kann, hat nicht nur zu einer im positiven Sinne verstandenen Demokratisierung digitaler Kommunikation geführt; auch die sogenannte Hate Speech hat sich in diesem Zuge entwickelt. Der Begriff, im Deutschen Hassrede, bezeichnet menschenverachtende Aussagen, die mit dem Zweck der Abwertung von Personen getätigt werden. Meist zielen solche Angriffe auf Merkmale wie Hautfarbe, Herkunft, sexuelle Orientierung, Gender, Behinderung, Alter oder Religion der betreffenden Person:

> „Hate Speech is gruppenbezogene Menschenfeindlichkeit, die ihren Ausdruck in gewalttätiger Sprache findet. Sie verletzt die Würde und die Rechte von Menschen und kann ganze Gruppen einschüchtern. […]

1 Unconscious Bias: Die Wirkweise unbewusster Verzerrungen

Hate Speech ist sehr gefährlich, aber nur bedingt strafrechtlich relevant. Der gesellschaftliche Zusammenhalt leidet insgesamt unter Hass und Diskriminierung." [26]

Insbesondere Politiker*innen sehen sich immer wieder mit Anfeindungen im Netz konfrontiert, betroffen sind jedoch auch Personen, die nicht in der Öffentlichkeit stehen – insbesondere Frauen*, Menschen mit Behinderungen sowie Personen, denen eine andere Herkunft, Religion oder Sozialisierung zugeschrieben wird, unabhängig davon, ob dies den Tatsachen entspricht. Hassrede hat allerdings nicht nur Auswirkungen auf die direkt von ihr Betroffenen, sondern auch auf den demokratischen Diskurs als solchen, aus dem sich auch Mitlesende nicht selten erschrocken zurückziehen, sowie auf Organisationen; dies vor allem insofern, dass sowohl potenziell Betroffene als auch potenzielle Täter*innen häufig Mitglieder in Organisationen sind, beispielsweise als Arbeitnehmende.

Der Begriff Hate Speech ist zudem ein politischer, kein juristischer Begriff. In der Definition des Europarates heißt es:

„[…] der Begriff Hate Speech umfasst […] jegliche Ausdrucksformen, welche Rassismus, Fremdenfeindlichkeit, Antisemitismus oder andere Formen von Hass, die auf Intoleranz gründen, propagieren, dazu anstiften, sie fördern oder rechtfertigen, unter anderem Intoleranz, die sich in Form eines aggressiven Nationalismus und Ethnozentrismus, einer Diskriminierung und Feindseligkeit gegenüber Minderheiten und Menschen mit Migrationshintergrund ausdrückt." [29]

> Das Internet ermöglicht Distanzlosigkeit durch Distanz.

Hate Speech ist eine Form der digitalen Gewalt im Sinne einer gruppenbezogenen Menschenfeindlichkeit, bezieht sich also auf Situationen, in denen Personen aufgrund ihrer (zugeschriebenen) Gruppenzugehörigkeit und im Zuge von auf diese Gruppe bezogenen Vorurteilen sprachlich abwertend angegriffen werden. Dabei geht es den Täter*innen darum, Andere in ihrer Eigenschaft als – so markierte

– Angehörige einer anderen sozialen Gruppe (Outgroup) abzuwerten mit dem Ziel, sich selbst dadurch aufzuwerten. Dass dies im digitalen Raum stattfindet, ist kein Zufall. Das Internet ermöglicht Distanzlosigkeit durch Distanz. Digitale Gewalt wird von Täter*innen oft verharmlost, indem sie anführen, das sei „nicht so gemeint", dafür müsse „man Verständnis haben", das dürfe man „nicht so ernst nehmen", denn es sei schließlich „nur" das Internet; gemeint ist damit, dies sei ja nicht die Realität, nicht das „wahre" Leben. Die Schwierigkeiten in der Rechtsdurchsetzung tragen sicher ein Übriges bei, insbesondere weil im öffentlichen Diskurs häufig unzureichend unterschieden wird zwischen dem Recht auf freie Meinungsäußerung und der Hassrede, die – je nach konkretem Tatbestand – durchaus strafbar ist, beispielsweise im Falle der Volksverhetzung, der Bedrohung, Beleidigung oder Verleumdung.

Die Demokratisierung von Kommunikation bietet Raum für die öffentliche Sichtbarkeit auch jener, die zuvor marginalisiert waren und nur in begrenzten Bereichen ihre Stimme erheben konnten. Genau das ist Täter*innen ein Dorn im Auge, die digitale Gewalt einsetzen, um zuvor marginalisierte Gruppen (wieder) mundtot zu machen. Es gibt zahlreiche Beispiele, in denen eine (politische) Bewegung sich durch die Möglichkeiten im digitalen Raum deutlich schneller entwickelte und weiter verbreiten konnte (man sagt auch: viral wurde), was ohne dieses Medium so nicht möglich gewesen wäre. Zu denken ist hier beispielsweise an den Arabischen Frühling [30] oder an die Proteste in Hongkong 2019/2020 [31], aber auch an Bewegungen wie Fridays For Future.

„Betroffen sind von Hassbotschaften", so die bislang umfassendste Studie, herausgegeben vom Institut für Demokratie und Zivilgesellschaft im Juni 2019 [32], „vor allem Bevölkerungsgruppen, die zu den typischen Feindbildern Rechtsextremer zählen und von Teilen der Gesellschaft abgewertet werden, z. B. Menschen mit Migrationshintergrund, LGBTQI und Menschen mit Behinderungen". Tab. 1.2 zeigt, welche Gruppen am häufigsten von Hasskommentaren betroffen sind.

Diejenigen, die dabei aus einer Gruppe besonders hervorstechen, werden meist am stärksten mit Hasskommentaren und Diffamierung überschüttet. Es wird pauschalisiert, entindividualisiert, die Hasskommentare richten sich auf (vermeintliche) Merkmale der Akteur*innen, nicht auf den Inhalt der Beiträge. Es geht nicht um

Tab. 1.2 Von Hasskommentaren am häufigsten betroffene Gruppen

Menschen mit Migrationshintergrund	94 %[5]
Amtierende Politiker*innen	94 %
Muslim*innen	93 %
Geflüchtete Menschen	93 %
Politisch Andersdenkende	92 %
Arbeitslose Menschen	88 %
Frauen	88 %
Menschen, die nicht dem aktuellen Schönheitsideal entsprechen	88 %
Homosexuelle Menschen	87 %
Transsexuelle Menschen	80 %
Arme Menschen	78 %
Jüdinnen und Juden	73 %
Menschen mit Behinderung	73 %
Wohnungslose Menschen	71 %
Sinti*zze und Rom*nja	69 %

Quelle: Eigene Darstellung, vgl.[33]

Diskurs, sondern um Ausgrenzung und um Rückgewinnung der Privilegien, die die Täter*innen bedroht sehen, mindestens um die Gewinnung der Meinungsvorherrschaft im öffentlichen Raum. Die häufig sehr erfolgreiche Strategie scheint zu sein, Masse durch Lautstärke zu ersetzen und dadurch öffentlichen Konsens vorzuspielen: „Eine lautstarke Minderheit (nur 5 % der Nutzer*innen) sind für 50 % der Likes bei Hass in den Kommentarspalten verantwortlich und etwa 1 % der Accounts für 25 % der Likes." [34]

Die Auswirkungen von Hate Speech auf die Betroffenen sind nicht zu unterschätzen. Die IDZ-Studie zeigt: Mehr als die Hälfte der Befragten (54 %) schrecken aufgrund von Hasskommentaren davor zurück, sich mit ihrer Meinung in den politischen Diskurs im Internet (auch weiterhin) einzubringen, entweder, weil sie selbst bereits von Hasskommentaren betroffen waren, oder weil sie miterlebt haben, wie andere Hate Speech ausgesetzt waren [35]. Vereinfacht gesagt, kann dies

---

[5] Die Prozentzahl bezieht sich jeweils auf den Anteil von Teilnehmenden an der Studie, die angegeben haben, schon einmal Hasskommentare gegen die genannte Gruppe beobachtet zu haben.

zur Folge haben, dass die Meinung derer, die am lautesten brüllen, für Konsens gehalten wird, weil anderslautende Meinungen nur noch vereinzelt oder gar nicht mehr in den Diskurs eingebracht werden (sog. „Silencing").

„Die Betroffenen solcher Hassreden und gezielten Kampagnen sind häufig schutzlos menschenverachtenden Äußerungen von Personen ausgesetzt, die kaum Konsequenzen fürchten müssen. Was die Einzelnen verletzt, ist auch für demokratische Debatten ein Albtraum: Eine hasserfüllte Minderheit versucht, eine Meinungshoheit vorzutäuschen. Eingeschüchtert von der Übermacht solcher Kommentare schrecken zahlreiche Nutzer*innen davor zurück, ihre politische Meinung online zu vertreten. Damit schränkt Hass die Meinungsvielfalt unserer Demokratie ein." [36]

Für Organisationen ist Hate Speech sogar in zweifacher Hinsicht ein sehr relevantes Thema: Bei Betroffenen, die Mitglieder einer Organisation sind, also z. B. Beschäftigte eines Unternehmens, kann sich Hate Speech als Form der digitalen Gewalt und Diffamierung massiv auf die Gesundheit der Personen auswirken, im Zweifelsfall zu Depression, Burnout und längerfristiger Arbeitsunfähigkeit führen. Die IDZ-Studie zeigt: „Zwei Drittel (66 %) derer, die schon persönlich mit Hasskommentaren im Netz angegriffen wurden, benannten verschiedene negative Auswirkungen ihrer Erfahrungen mit Online-Hass […]"; sie berichteten von „emotionalem Stress (z. B. Abgeschlagenheit, Lustlosigkeit: 33 %), Angst und Unruhe (27 %) sowie Depressionen (19 %)" [37]. Hierbei ist festzustellen, dass vor allem junge Menschen und weibliche Betroffene besonders stark an den Folgen von Hassrede leiden.

Zusätzlich zum Interesse der Meinungsvielfalt innerhalb unserer demokratischen Gesellschaft sollten Organisationen daher ein deutliches Interesse an der Prävention und Bekämpfung von Hate Speech haben. Auch die Täter*innen sind potenzielle Mitarbeitende in Organisationen, und im Falle einer Strafverfolgung betrifft dies den*die Arbeitgeber*in insbesondere dann, wenn die Hasskommentare von einem Dienstcomputer aus verbreitet wurden. Selbst wenn das nicht der Fall ist, tun Organisationen gut daran, sich klar im Sinne der Vielfalt zu positionieren und derartiges Verhalten ihrer Mitarbeitenden nicht zu tolerieren. Einige von Hate Speech betroffenen Autor*innen und Journalist*innen beispielsweise geben Hasskommentare an die Arbeitgeber*innen weiter, wenn eine Firmen-Mailadresse verwendet wurde. Je nach Tatbestand (z. B. Volksverhetzung, Bedrohung) hat dies besondere Relevanz für das Image der Organisation.

Die gemeinnützige HateAid gGmbH hat es sich zur Aufgabe gemacht, von Hate Speech betroffene Personen in den Bereichen Rechtsdurchsetzung und Prozesskosten zu unterstützen, um Chancengleichheit im digitalen Raum herzustellen. Je nach Art des Angriffs wird die Organisation entweder strafrechtlich (im Falle der Volksverhetzung) oder zivilrechtlich aktiv (wenn es sich um den Tatbestand der Beleidigung, Bedrohung oder Verleumdung handelt). Die Leistung von HateAid besteht in der für die betroffene Person kostenfreien anwaltlichen Beratung und Vertretung. Die entsprechende Prozesskostenfinanzierung beruht auf einem solidarischen Prinzip: Ist die Durchsetzung erfolgreich und kommt es zu einer Geldstrafe gegen die*den Täter*in, fließt dieser Betrag in den Prozessfinanzierungsfonds, sodass weitere Klagen finanziert werden können.

1.12 Mit Empathie gegen Hate Speech

In einer Studie des Center for Comparative and International Studies an der Eidgenössischen Technischen Hochschule Zürich fand ein Team von Forscher*innen heraus, dass das Erzeugen von Empathie für die Betroffenen rassistischer Hasskommentare oder Postings die im Vergleich erfolgreichste Variante ist, um auf Hate Speech zu reagieren. In den Feldversuchen fanden sie heraus, dass „empathy-based counterspeech can increase the retrospective deletion of xenophobic hate speech (…) and reduce the prospective creation of xenophobic hate speech over a 4-wk follow-up period (…) [38]." Alternativ hatte das Forschungsteam im Bereich der Counterspeech, also Gegenrede auf Hasskommentare oder entsprechende Postings, auch zwei weitere Strategien getestet: Sie hatten die Autor*innen der Kommentare vor den (rechtlichen) Konsequenzen gewarnt, oder sie hatten mit Humor auf die Kommentare reagiert. Außerdem gab es in der Studie, die sich um Postings und Kommentare auf Twitter drehte, eine Kontrollgruppe, in der gar nicht auf die Hasskommentare oder entsprechende Postings reagiert wurde. Die Auswahl der jeweiligen Reaktionsmethode erfolgte zufällig, und die Studie betraf englischsprachige Twitter-User, die xenophobische oder rassistische Tweets oder Kommentare abgesetzt hatten.

Counterspeech ist eine mögliche Alternative zur Content-Moderation, bei der rechtlich problematische, weil z. B. volksverhetzende oder beleidigende Kommentare von Moderator*innen gelöscht werden. Häufig rufen Content-Moderator*innen auch zur Befolgung der Gemeinschaftsstandards der moderierten Seiten oder der entsprechenden Plattformen auf. Counterspeech unterscheidet sich u. a. dadurch von Content-Moderation, dass das Ziel nicht darin besteht, Postings oder Kommentare zu löschen. Stattdessen fokussiert Counterspeech auf die Personen, die sich hinter diesen Beiträgen verbergen, und zielt darauf ab, bei diesen ein Umdenken, mindestens ein Hinterfragen des eigenen Verhaltens zu erreichen.

In der Studie der ETH Zürich wurden die folgenden drei Varianten von Counterspeech mit den nachfolgend erläuterten Intentionen eingesetzt:

„Humor (and memes) is intended to shift and deescalate the dynamics of communication. Warning of consequences reminds the hate speech sender that family and acquaintances can also observe her public messages. Empathy seeks to humanize the victim and remind the sender that people can be hurt by her behavior." [38]

In den Fällen, in denen innerhalb von vierundzwanzig Stunden nach dem Absetzen des Hass-Postings oder Kommentars mit Empathie-Erzeugung auf dieselben reagiert wurde, ließ sich ein konsistenter Effekt feststellen: Mit mehr als acht Prozentpunkte höherer Wahrscheinlichkeit löschten die Autor*innen ihre Hass-Beiträge, wenn auf diese mit der Empathie-Strategie reagiert wurde. Das Ergebnis dieser Studie ist auch deshalb interessant, weil, wie wir bereits festgestellt haben, die Erzeugung von Empathie für Outgroups eine der vielversprechenden Strategien im Umgang mit Unconscious Biases darstellt.

1.13 Zur Bedeutung von Sprache

„Worte", schreibt Emilia Roig, „sind Träger von Bedeutung und tragen zu bestimmten Repräsentationen und Assoziationen bei" [39]. Dies gilt sowohl auf der Seite des Phänomens als auch auf der Seite der Veränderung, sowohl für Problem- als auch für Lösungssprache. Czollek et al. formulieren es wie folgt:

> „Sprache ist eine Form der Handlung und kann auf andere Menschen verletzend und diskriminierend oder wertschätzend und anerkennend wirken. Sprachliche Äußerungen können also eine Form von Gewalt sein und zur Herstellung Struktureller Diskriminierung beitragen: verbal, nonverbal oder als Text." [40]

Beispielhaft festmachen lässt sich dies an der gendergerechten oder auch genderneutralen Sprache, dem Bestreben, in gesprochenem wie geschriebenem Wort solche Begriffe zu verwenden, die alle sozialen Geschlechter einschließen, oder dies durch Verwendung bestimmter Zeichen kenntlich zu machen. Wie umstritten das nach wie vor ist, zeigt der durchaus provokant formulierte Titel des Magazins SPIEGEL in Ausgabe 10/2021: „Gendergerechte Sprache. IST DAS NOCH DEUTSCH? Der Kulturkampf um die Sternchen" [41]. Der entsprechende Artikel selbst beginnt mit einer Auflistung möglicher Varianten: In der ersten Zeile steht die Anrede „Liebe Leser", dahinter ist die weibliche Form „Leserinnen" rot durchgestrichen. Hier ist der Wortteil „Innen" rot eingekreist. In der zweiten Zeile folgt die Variante mit sogenanntem Binnen-I, also „LeserInnen". Darunter findet sich der Unterstrich, der „innen" vom Wort „Leser" trennt, die weibliche Form ist wiederum rot durchgestrichen. Danach folgen noch die Formulierungen mit Doppelpunkt und Gendersternchen, wobei letztere als einzige ohne Durchstreichung stehen bleibt. Dann folgen drei Punkte, einige Zeilen Platz, und am Ende steht die Formulierung „liebe Lesende".

Interessant ist, wie auch hier Sprache wirkt, wenn vom „Kulturkampf" die Rede ist, in dem „Behörden, Firmen und auch der Duden"

Fakten schafften. Letztendlich geht es darum, ob bei der Verwendung der männlichen Form eines Begriffs (z. B. „Chef") auch alle nichtmännlichen bzw. sich nicht als männlich identifizierenden Personen mitgemeint seien. Und das sind, wie manchmal verkürzt behauptet wird, eben nicht nur auch die weiblichen Personen, sondern auch all diejenigen, die sich keinem der binären Geschlechter (weiblich oder männlich) zuordnen. Besonders in der englischen Sprache ist es recht eindrücklich, einen kleinen Selbsttest durchzuführen und sich einmal folgende kurze Geschichte durchzulesen:

> A father and his son are involved in a horrific car crash and the man died at the scene. But when the child arrived at the hospital and was rushed into the operating theatre, the surgeon pulled away and said: "I can't operate this boy, he's my son." [42]

Wer beim Lesen zunächst einmal irritiert innegehalten und den Absatz nochmals gelesen hat, dem*der geht es wie den meisten Personen, die mit dieser kleinen Geschichte konfrontiert werden: Sie denken, das könne nicht sein, denn der Vater des Jungen sei doch beim Unfall ums Leben gekommen. Die Logik der Geschichte funktioniert, wenn man sich klar macht, dass man unbewusst davon ausgegangen ist, der „surgeon" in der Geschichte sei männlich. Es handelt sich jedoch um die Mutter des Unfallopfers.

Wenngleich hier sichtbar wird, was insbesondere in all jenen Bereichen Phänomen ist, in denen Zuschreibungen im Sinne traditioneller Geschlechterrollen stattfinden, also „typisch männliche" und „typisch weibliche" Kategorisierungen, stößt genderneutrale Sprache auch heute noch auf Unverständnis, manchmal gar auf vehement geäußerten Unmut:

> „Ausdrücke wie ≫Sprachterror≪ oder ≫Genderunfug≪ fallen regelmäßig, wenn Kritiker wie Walter Krämer, der Vorsitzende des Vereins Deutsche Sprache, auf das Thema zu sprechen kommen. Wie kompromisslos Krämer bei dem Thema ist, zeigt eine automatische Antwort auf eine Mail, in der es ums Gendern geht: ≫Darf ich Sie

bitten, mir Ihre Post nochmals in korrektem Deutsch zu schicken? Leider lässt mein Eingangsfilter keine Nachrichten mit Gender* durch.« [43]

Auf der anderen Seite verpflichten sich immer mehr Organisationen (beispielsweise Audi) oder Institutionen wie Medienanstalten (oder deren Mitglieder, beispielsweise Nachrichtensprecher*innen des ZDF) dazu, genderneutrale Sprache zu verwenden. Dr. Simone Burel, Geschäftsführerin der LUB GmbH, Linguistische Unternehmensberatung, und Autorin diverser Publikationen, plädiert schon lange für die Verwendung genderneutraler Sprache, um mehr Chancengleichheit zu realisieren. Nach ihren Erkenntnissen aus Forschung und Praxis kann ein Wandel hin zu genderneutraler Führung in Organisationen nur dann gelingen, wenn forciert wird, dass Frauen immer mitgedacht werden, wenn von Führungskräften die Rede ist, und dafür sei der sprachliche Zusatz „female" dringender denn je:

> „Wollen Frauen nämlich an die Spitze, stellen hartnäckige Geschlechterstereotype eine der größten Hürden für sie dar. Frauen werden eher mit Mitarbeitenden denn mit Führenden assoziiert (der sogenannte Think-Follower-Think-Female-Effekt), was ihnen die Eignung für eine Führungsposition qua Geschlecht bereits abspricht." [44]

Untersuchungen zu genderneutraler Sprache zeigen, dass sich deren Verwendung tatsächlich auf die innere Haltung von Personen zum Thema Gleichberechtigung auswirkt. In einer schwedischen Studie stellten Tavits und Pérez [45] fest, dass die Nutzung des genderneutralen Pronomens „hen" in der schwedischen Sprache im Vergleich zur Verwendung des weiblichen oder des männlichen Pronomens zur Beschreibung einer Person die Häufigkeit der Zuschreibung „männlich" zu dieser Person reduzierte. Das mag zunächst seltsam klingen, denn man könnte meinen, dass mit der Verwendung des weiblichen oder des männlichen Pronomens das Bild im Kopf der Person, die zuhört, eindeutig (entsprechend weiblich oder männlich) sein müsste. Allerdings weisen Tavits und Pérez darauf hin: „The influence of both pronouns is more automatic than controlled." [45]

> *Untersuchungen zu genderneutraler Sprache zeigen, dass sich deren Verwendung tatsächlich auf die innere Haltung von Personen zum Thema Gleichberechtigung auswirkt.*

Ein weiterer wichtiger Aspekt im Hinblick auf die Verwendung von Sprache ist die Deutungshoheit. Damit ist gemeint, wem es obliegt, über die Verwendung bestimmter Begriffe für die Bezeichnung bestimmter Phänomene, Gruppen oder Merkmale zu entscheiden. „Wo bisher Diskriminierung war", so der SPIEGEL, „sollen jetzt Identität und Anerkennung wachsen" [43]. Insbesondere geht es hier um die Frage der Selbstbezeichnung bestimmter Gruppen. Aufmerksamkeit hat die Frage der Verwendung von Selbstbezeichnungen beispielsweise im Zuge des antirassistischen Diskurses erlangt, insbesondere am Beispiel des Begriffs *BIPoC* als Kurzform der Selbstbezeichnung „Black, Indigenous and People of Color", also Schwarze Personen, Indigene Personen sowie Personen „of color" als Bezeichnung nicht-weißer Menschen. Ziel dieser Selbstbezeichnung ist es, einen inklusiveren Begriff zu verwenden, als von Schwarzen als Bezeichnung nicht-weißer Menschen zu sprechen. Ähnlich verhält es sich mit der Bezeichnung *LGBTQI+* für „Lesbian, Gay, Bisexual, Transsexual, Queer and Intersex"-Personen. Diese Bezeichnung wird in Abgrenzung zu sich als heterosexuell bezeichnenden Personen verwendet. Interessant ist, dass hier im Laufe der Zeit eine Veränderung der Reihenfolge zugunsten lesbischer Personen stattgefunden hat, nachdem zuvor der Begriff „Gay" an erster Stelle gestanden hatte.

Wenn die Veränderung der verwendeten Sprache im öffentlichen Raum Einzug hält, hat das eine andere Bedeutung, als wenn Selbstbezeichnungen oder gendernuetrale Formulierungen beispielsweise nur im akademischen Bereich oder in bestimmten „Filterblasen" verwendet werden: „Wenn Gendermarkierungen in die öffentlich-rechtlichen Nachrichten einwandern, erreichen sie ein viel größeres Publikum als jede akademische Konferenz." [46] Dass genderneutrale Sprache immer stärker Einzug hält, ist auch daran zu erkennen, dass der Duden diesem Thema in seiner Auflage 2020 ein eigenes Kapitel widmete und in der Online-Version nach und nach alle Begrifflichkeiten in zwei

Geschlechtervarianten nachtragen will. [47] Was die Form des sprachlichen Genderns angeht, gibt es indes relevante Unterschiede. Das noch vor einigen Jahren standardmäßig verwendete Binnen-I (z. B. „TeilnehmerInnen") wird immer seltener verwendet, da es als auf nur zwei Geschlechter bezogen verstanden wird. Aktuellere Formen wie die Schreibweise mit Sternchen (*), Unterstrich („_") oder Doppelpunkt („:") verweisen auf eine Vielzahl an Geschlechtsvarianten. Beispielsweise meint der Begriff Frauen mit Sternchen („Frauen*"), dass auch Personen mitgemeint sind, die sich nicht als männlich und auch nicht als weiblich definieren, also nichtbinär. Häufig ist dies beispielsweise in Texten über Gewalt an Frauen (und Transpersonen und nicht-binären Personen) zu finden, um deutlich zu machen, dass es nicht nur um die sich selbst als weiblichen Geschlechts identifizierenden Personen (Cis-Frauen) geht, aber inhaltlich und dementsprechend auch sprachlich klar von Cis-Männern (sich als männlichen Geschlechts identifizierende Personen) abgegrenzt wird.

Hintergrund: Sprachlicher Umgang mit geschlechtlicher Identität
2022 haben David Scholz et al. mit ihrem Werk *Transidentität und drittes Geschlecht im Arbeitsumfeld* erstmals ein praxisorientiertes Buch vorgelegt, das Organisationen im Umgang mit geschlechtlicher Identität, also Transidentität, Nichtbinarität und dem sogenannten dritten Geschlecht im Kontext des Arbeitsumfeldes unterstützt. Im Vorwort schreibt der Herausgeber:

> Während sich sexuelle Orientierung, etwa eine gleichgeschlechtliche Partnerschaft, am Arbeitsplatz ggf. verbergen lässt, lässt sich ein Wechsel der in allen Lebensbereichen geltenden Geschlechterrollen nicht im Verborgenen vollziehen. [...] Zahlreiche Studien belegen, dass transidente, intergeschlechtliche und nichtbinäre Menschen häufig Diskriminierungen im Arbeitsumfeld erfahren. Insbesondere sind diese Personen überdurchschnittlich oft von Arbeitslosigkeit betroffen oder bedroht." [48]

Wer sich mit wissenschaftlicher Literatur, aber auch mit journalistischen Berichten über oder Broschüren und ähnlichen Veröffentlichungen aus der *LGBTQI+* Community beschäftigt, wird schnell feststellen, dass die Vielfalt verwendeter Begriffe recht hoch ist, und wer sprachsensibel und diskriminierungsfrei mit diesem Thema umgehen will, muss sich zunächst einmal zurechtfinden. Das hat gerade beim Thema Diskriminierung auch damit zu tun, dass die Verwendung von Selbstbezeichnungen zwar immer im Vordergrund stehen sollte, es hierbei jedoch durchaus Unterschiede gibt und der *common sense* nicht statisch ist, nicht sein kann, sondern sich mit der Zeit verändert. Dennoch empfiehlt sich, beispielsweise eher über Transidentität als über Transsexualität zu sprechen und darüber hinaus den Begriff Geschlechtsvarianz als Bezeichnung des übergeordneten Themas zu verwenden.

Zur Frage, worum es genau bei Transidentität geht, verwenden die Autor*innen ein sehr einfaches und gut nachvollziehbares Beispiel:

> „Manchmal landet ein falsches Etikett auf einer Dose [...]. Mit dem Inhalt der Dose ist alles in Ordnung. Nichts ist falsch an dem Etikett. Etikett und Inhalt stimmen nur nicht überein. Übertragen auf geschlechtliche Identität bedeutet dies, dass manchmal die zugewiesene Geschlechtszugehörigkeit (das Etikett) nicht mit dem empfundenen Geschlecht (dem Inhalt der Dose) übereinstimmt. Wer wir im geschlechtlichen Sinne sind, wird meistens bei der Geburt durch einen Blick auf Äußerlichkeiten bestimmt. Hat das Baby einen Penis, wird es ‚Junge' genannt. Hat es keinen Penis, heißt es ‚es ist ein Mädchen'. Das ist das zugewiesene Etikett und bestimmt die rechtliche Geschlechtszugehörigkeit meistens für das ganze Leben. Doch die geschlechtliche Identität wird, das ist wissenschaftlicher Konsens [...], nicht durch Genitalien, innere Geschlechtsorgane, Chromosomen oder Hormone bestimmt. Geschlechtsidentität findet unabhängig von physischen Körpermerkmalen im Kopf statt, sozusagen zwischen den Ohren." [49]

Dass und wie sich der Kontext von Geschlechtervarianz im Arbeitsumfeld auswirkt, höre ich in den letzten Jahren häufig von Organisationen, mit denen ich als Beraterin zusammenarbeite, besonders dann, wenn wir zum Thema *Diversity, Inclusion & Belonging* tätig sind. Er wirkt sich auf die Person aus, die sich mit der Frage der eigenen Geschlechtsidentität auseinandersetzt, und er wirkt sich auf das Umfeld aus, das spätestens dann damit in Berührung kommt, wenn sich von außen sichtbare Veränderungen einstellen, nicht nur körperlich, sondern beispielsweise auch bei der einem Geschlecht mehrheitsgesellschaftlich zugeschriebenen Kleidung – wenn also eine bislang vom Umfeld als männlich gelesene Person Kleidungsstücke trägt, die von der Mehrheitsgesellschaft eher weiblich gelesenen Personen zugeschrieben werden und vice versa. Oft spielt Unsicherheit im Umgang mit diesem Thema eine große Rolle. Manchmal gelingt es gut, darüber diskriminierungsfrei in die Kommunikation zu gehen, nicht selten jedoch ist dieser Prozess von Unverständnis, Unwissen, mangelnder Sensibilität sowie Vorurteilen und Verletzungen geprägt.

Sprachlich hat sich inzwischen beispielsweise die Unterscheidung zwischen cis und trans etabliert. Cis (lat.) bedeutet „diesseits" und wird verwendet, um Personen zu bezeichnen, die sich mit dem bei der Geburt zugeschriebenen Geschlecht identifizieren. Trans (lat.) bedeutet „jenseits" und damit das Gegenteil von cis und wird demnach für alle Geschlechtsidentitäten verwendet, die nicht der bei der Geburt vorgenommenen Zuweisung entsprechen. Das umfasst die Unterbegriffe transsexuell, transident sowie transgender. Trans ist also eine Zusammenfassung verschiedener Geschlechtsvarianzen, denen gemein ist, dass sie nicht cis sind. Nichtbinär ist der Begriff, der verwendet wird, um darzustellen, dass Geschlecht als Spektrum verstanden werden kann, an dessen jeweiligem Ende cis Weiblichkeit bzw. cis Männlichkeit steht. Alles, was auf diesem Spektrum dazwischen liegt, kann als nichtbinär bezeichnet werden [50]. Die rechtliche Anerkennung für den in der Wissenschaft schon zuvor vorhandenen Konsens, dass es Geschlechtsidentitäten jenseits der binären gibt, erfolgte 2018 durch die Einführung des Eintrags „divers". Damit einher geht auch das (rechtliche) Verständnis, dass Diskriminierung aufgrund des Geschlechts jedwede Identität betreffen kann und das gesamte Spektrum vor Diskriminierung geschützt werden soll. Daraus ergibt sich ein entsprechender Auftrag auch und besonders an Arbeitgeber*innen, denn das Allgemeine Gleichbehandlungsgesetz (AGG) erlegt Arbeitgebenden auf, Beschäftigte wirksam vor Diskriminierung u. a. aufgrund des Geschlechts zu schützen.

Ich gehe an dieser Stelle nicht auf das ein, was aus Sicht von Organisationen wissenswert im Sinne der rechtlichen Rahmenbedingungen und der Begleitung und Unterstützung transidenter Personen ist, hierzu gibt es a. a. O. umfangreiche Hinweise und Handreichungen. Im Kontext von *Unconscious Bias* ist jedoch aus meiner Sicht gerade in Organisationen wichtig, sich auch mit der Frage der Belastungssituation zu beschäftigen, die eine Person im Zuge eines Transidentitätsprozesses durchlebt. Anna Svea Fischer schreibt, für transidente Menschen stelle es „eine enorme psychische Belastung dar, wenn es ihnen nicht möglich ist, in ihrer Identität zu arbeiten" und wenn sie diese gar „verstecken oder verschleiern müssen" [51]. Sie plädiert dafür, Transidentität nicht „als das alles ausfüllende Merkmal einer Person" [52] in den Vordergrund zu stellen, was möglicherweise ein Effekt des Sichtbarwerdens der Transidentität einer Person in ihrem Umfeld und damit auch am Arbeitsplatz sein kann. Eine mögliche Unterstützung transidenter Personen im Arbeitsumfeld kann darin bestehen, dass der*die Arbeitgeber*in gemeinsam mit der Person einen Transitionsplan entwickelt, bei dem es beispielsweise um Kontakt zu und Austausch mit einem Netzwerk innerhalb der *LGBTIQ+* Community und/oder dem *Diversity*-Bereich des Unternehmens bzw. entsprechender Kontaktpersonen gehen kann, ebenso um die Frage, wer wann was mit wem innerhalb des Unternehmens sowie ggf. nach außen, beispielsweise an der Schnittstelle zu Kund*innen, kommuniziert. Hier ist von zentraler Bedeutung, dass miteinander und nicht übereinander gesprochen wird. Das betrifft auch die Tatsache, dass manche transidente Person im Privatleben ihre*seine Identität in anderem Maße offen auslebt als am Arbeitsplatz. Explizite Offenheit der Organisation gegenüber Diversität auch im Sinne eines Verständnisses von Geschlechtsvarianz und Geschlechtsidentität als Spektrum ist hier besonders wichtig und hilfreich und kann Personen in ihrem Entscheidungsprozess darüber, wann sie was kommunizieren und wie sie öffentlich auftreten wollen, helfen. Hierzu noch zwei wichtige Zahlen in diesem Kontext [53]:

- Deutschland gehört zu den Ländern mit der geringsten Quote von Beschäftigten, die sich offen am Arbeitsplatz dazu bekennen, *queer* zu sein.
- Fast vierzig Prozent der in einer Studie befragten *queeren* Personen gaben an, dass es ihr Leben vereinfachen würde, wenn sie an ihrem Arbeitsplatz offen mit ihrer Identität umgehen könnten.

Was die sensible Verwendung von Sprache betrifft, sei die Aufmerksamkeit insbesondere auf den Aspekt der Anrede und der Verwendung von Pronomen gerichtet. Die häufig verwendeten zwei Anredeformen „Herr"/„Frau" wird, sofern sich die angesprochene Person nichtbinär identifiziert, deren Persönlichkeitsrechten nicht gerecht. Einerseits besteht ein Rechtsanspruch der Person auf geschlechtskorrekte Anrede, darüber hinaus gebietet es meines Erachtens der Respekt vor der Person auch unabhängig einer rechtlichen Regelung, dass ich die Anrede und die Pronomen verwende, die die betreffende Person in der Ansprache gerne verwendet haben möchte. In vielen sozialen Plattformen und auch in E-Mail-Signaturen kann und wird heute angegeben, wie eine Person bezeichnet werden möchte. Ich verwende die Pronomen in englischer Sprache beispielsweise auch in meinem Zoom-Account, sodass in den Trainings und Workshops sowie in den Einzelcoachings, die ich online gebe, für die andere(n) Person(en) ersichtlich ist, wie ich gerne angesprochen werden möchte. Ich freue mich immer, wenn Personen, die das noch nicht kennen, mich darauf ansprechen und nachfragen, warum ich das mache. So können wir im Kontext von Organisationen auch an dieser Stelle gemeinsam dazu beitragen, dass es in die Kommunikation gelangt und die Aushandlung *common sense* wird. Ein Praxistipp für den Fall, dass Sie nicht ersehen können, wie eine Person beispielsweise in der schriftlichen Kommunikation angesprochen werden möchte: „Guten Tag, <Vorname Nachname>" ist eine Variante, die unabhängig von Pronomen bzw. binärer Anrede funktioniert.

1.14 Unconscious Bias im Organisationskontext

Die Blogger Buster Benson und John Manoogian III. entwickelten 2016 eine umfassende Übersicht [54], in der sie 190 Unconscious Biases vier zentralen Problemfeldern zuordneten:

1. Informationsflut („Too Much Information")
2. Geringe Aussagefähigkeit („Not Enough Meaning")
3. Schneller Handlungsbedarf („Need To Act Fast")
4. Informationsvielfalt („What Should We Remember?")

Im Problemfeld 1 finden sich die Mechanismen, die aktiviert werden, wenn wir mit der täglichen Informationsflut konfrontiert sind und entscheiden müssen, auf welche davon wir unsere Aufmerksamkeit fokussieren wollen. Da wir dies nicht permanent bewusst leisten können, findet die Auswahl dessen, was relevant für uns ist, unbewusst und automatisiert statt. Dabei werden beispielsweise die Informationen bevorzugt verarbeitet, die oft wiederholt werden oder zuletzt wahrgenommen wurden; ebenso solche, die hervorstechen, weil sie besonders witzig, überraschend oder visuell ansprechend gestaltet sind; außerdem solche, die bestätigen, was wir bereits denken oder glauben.

Problemfeld 2 beinhaltet Voreingenommenheiten, die dadurch entstehen, dass wir Muster und Zusammenhänge auch dann unterstellen, wenn zu wenig bedeutsame Informationen verfügbar sind, als dass gesichert auf solche geschlossen werden kann. Die Autorin Chimamanda Ngozi Adichie nennt das die „Gefahr der einzigen Geschichte" [55] und weist darauf hin, dass wir Missverständnisse riskieren, wenn wir von einer einzigen Geschichte, beispielsweise über ein Land, eine Kultur oder eine Person, die uns bis dato unbekannt war, auf einen größeren Zusammenhang schließen und verallgemeinern, diese einzige Geschichte stünde repräsentativ für dieses Land, diese Kultur oder eine Gruppe, der die einzelne Person angehört. Ein sehr eindrückliches Beispiel dafür ist es, wenn Menschen über Afrika sprechen und nicht klar ist, ob damit tatsächlich der gesamte afrikanische Kontinent oder ein spezifisches Land auf diesem Kontinent gemeint ist. Die Unterschiede sind immens, werden aber selten auch (sprachlich) reflektiert.

In dieses Problemfeld fallen außerdem Informationen, die unser Gehirn ergänzend zu spärlich verfügbaren hinzufügt, um ein Muster zu konstruieren, ebenso Verzerrungen, die mit der Selbstähnlichkeits-Präferenz zusammenhängen sowie Phänomene wie der **Survivorship Bias,** bei dem wir Schlüsse über einen Sachverhalt aus dem ziehen, was als Ergebnis am Ende steht, nicht aus den nicht erfolgreichen Versuchen. Ein Beispiel hierfür ist, dass wir beim Blick auf erfolgreiche Schriftsteller*innen und ihre Veröffentlichungen Bewertungen aufgrund eben dieser Veröffentlichungen vornehmen, nicht aber die Arbeiten miteinbeziehen, die nicht veröffentlicht wurden (und die gar nicht so selten eine viel höhere Anzahl erreichen als die der Veröffentlichungen).

Im dritten Problemfeld geht es um den bereits eingangs in diesem Kapitel beschriebenen evolutionsbedingten „Fight-flight-or-freeze"-Modus, in dem wir sehr schnell entscheiden müssen, wie wir auf eine bestimmte Situation reagieren. Aufgrund der uns in kurzer Zeit verfügbaren Informationen entscheiden wir dann auch anhand von prognostizierten Entwicklungen, die auf bisherigen Erfahrungen, aber eben auch auf solcher mit in den anderen Problemfeldern geschilderten Merkmalen basieren. Dazu zählt, dass wir dazu neigen können, unsere eigene Kompetenz im Hinblick auf die Bewältigung einer Situation zu

1 Unconscious Bias: Die Wirkweise unbewusster Verzerrungen

überschätzen und dass wir negative Konsequenzen für unwahrscheinlicher halten, als sie objektiv betrachtet sind. Außerdem spielt hier die sogenannte Reduzierung kognitiver Dissonanzen eine Rolle, ebenso die *sunk cost fallacy*, jene Effekte also, die dazu führen, dass wir eher bei einer einmal getroffenen Entscheidung bleiben, weil wir bereits viel Zeit und Geld in deren Umsetzung investiert haben und uns die Entscheidung entsprechend „schön reden". Ebenfalls kann eine Rolle in diesem Problemfeld spielen, dass wir eher dazu neigen, den Status Quo aufrechtzuerhalten, auch wenn wir mit ihm unzufrieden sind, da uns das Risiko einer Veränderung und damit die Entscheidung für das Unbekannte vergleichsweise noch riskanter erscheint. Wer kennt das nicht aus Organisationen, dass Menschen viel Zeit und Energie aufwenden, um über das Unternehmen, den Job, die Kolleg*innen, die Führung etc. zu klagen, sich aber dennoch nicht dazu entscheiden, etwas an der Situation zu verändern. Wir tendieren nämlich auch dazu, einfache Lösungen gegenüber komplizierteren oder komplexeren zu bevorzugen, unabhängig davon, ob sie uns zielführender erscheinen oder nicht (und meist ist meckern eben einfacher als verändern). Hierzu ist sehr illustrativ die (fiktive) Erzählung über eine Person, die ihren Schlüssel unter einer Straßenlampe sucht. Gefragt dazu, wo sie ihn denn genau verloren habe, zeigt sie auf einen entfernteren Bereich und erläutert: „Da drüben – aber hier ist das Licht besser."

Das vierte Problemfeld schließlich umfasst die Mechanismen, die uns eine zu große Informationsvielfalt durch Reduktion bewältigbarer erscheinen lassen. Der Unterschied zu Problemfeld 1 besteht darin, dass es hier nicht um die Viel*zahl* an Informationen, sondern um deren Viel*falt* geht. Hierbei neigen wir dazu, Details zu ignorieren, damit wir Verallgemeinerungen vornehmen können und so ein einfacheres und besser zu verarbeitendes Gesamtbild entsteht. Sofern uns dies schwerfällt, greifen wir jene Details heraus, die ins Gesamtbild passen, und ignorieren die, bei denen dies nicht der Fall ist. Darüber hinaus kommt hier zum Tragen, dass wir bei der Zuordnung bereits gespeicherter Informationen, die wir erinnern, diese Erinnerung vom ursprünglichen Kontext trennen und glauben, sie sei mit dem aktuellen Kontext verknüpft oder verknüpfbar.

1.15 Das übergeordnete Ziel: Diversity, Inclusion & Belonging

Die beschriebenen Mechanismen rund um unsere unbewussten Verzerrungen betreffen uns zwar als Einzelpersonen, ihre Auswirkungen sind jedoch ebenso folgenreich für die Organisationen, innerhalb derer wir täglich Entscheidungen treffen. Die Wirkweise von *Unconscious Bias* zu verstehen, sie im eigenen Entscheidungsverhalten und in den Strukturen und Prozessen von Organisationen zu erkennen, Anpassungen vorzunehmen und schließlich zu tragfähigeren Entscheidungsergebnissen zu kommen, zahlt darauf ein, dass gelebte Vielfalt in Organisationen wie auch in unserer Gesellschaft nachweislich zu besseren Ergebnissen führt. Dies verdeutlicht beispielsweise die umfassende Studienreihe der Beratungsgesellschaft McKinsey, die zeigt, dass Diversität in fünf Bereichen zu einer besseren Unternehmensperformance beitragen kann [56]: im Bereich der Gewinnung von Talenten fürs Unternehmen; bei der Qualität der getroffenen Entscheidungen; bei Innovationen und bezüglich der Kundenzufriedenheit; im Bereich Mitarbeitenden-Zufriedenheit sowie bezogen auf die Außendarstellung und -wahrnehmung des Unternehmens.

Da nach wie vor in vielen Bereichen Unklarheit darüber besteht, was genau sich hinter der Forderung nach *Diversity, Inclusion & Belonging* verbirgt, werfen wir hierauf zunächst noch einen Blick, bevor wir uns im Folgekapitel konkret damit auseinandersetzen, wie unbewusste Verzerrungen und Voreingenommenheiten besser erkannt und schließlich (Kap. 3) überwunden werden können.

Leila McKenzie Delis schreibt in ihrem Buch „Diversity, Inclusion and Belonging":

> „Diversity is being invited to the party. Inclusion is being asked to dance. [And] Belonging is dancing like nobody is watching." [57]

Gerade der Blick auf das Konzept von *Belonging* ist aus meiner Sicht deswegen so wichtig, weil es im Rahmen der Inklusion nicht, wie häufig falsch verstanden und zugeschrieben wird, darum geht, Unterschiede aufzuheben oder zu negieren. Wir sind nicht alle gleich, und Diversität bedeutet, dass wir genau davon, genau von unserer Unterschiedlichkeit profitieren. *Belonging* bedeutet, dass ich mich zugehörig fühle, dass ich in meiner Unterschiedlichkeit, in meinem Anderssein dabei sein kann und nicht aufgrund dieses Andersseins unter permanenter Beobachtung stehe – ich kann und darf so tanzen, als würde niemand zusehen. Das stellt einiges an bisherigen Erfahrungen und Ideen dazu auf den Kopf, wie eine inklusive Gesellschaft aussehen kann, denn es ist deutlich zu unterscheiden von der Idee der Anpassung an die Mehrheitsgesellschaft oder an Konventionen und Mehrheiten in Organisationen.

Grundvoraussetzung, so McKenzie Delis, für gelingendes *Belonging*, sei die sogenannte psychologische Sicherheit (engl. *Psychological Safety*). Wenngleich die grundlegende Arbeit von Amy Edmondson zu diesem Thema schon um einiges älter ist, hat eine der bekanntesten und wichtigsten Untersuchungen hierzu das Project Aristotle von Google geliefert, innerhalb dessen betrachtet wurde, was Teams ausmacht, die Höchstleistungen vollbringen. Als zentraler Faktor stellte sich hier die psychologische Sicherheit heraus:

> „Psychological safety refers to an individual's perception of the consequences of taking an interpersonal risk or belief that a team is safe for risk taking in the face of being seen as ignorant, incompetent, negative, or disruptive. In a team with high psychological safety, teammates feel safe to take risks around their team members. They feel confident that no one on the team will embarrass or punish anyone else for admitting a mistake, asking a question, or offering a new idea." [58]

Das Gegenteil von *Belonging*, so Brené Brown, sei *fitting in*, das sich Einpassen in eine vorhandene Umgebung und Struktur und damit zu dem*der werden, die*der in einer bestimmten Situation erwartet und akzeptiert wird. *Fitting in* heißt, Unterschiede auszublenden, gleichzumachen, anstatt sie zu begrüßen und als Erfolgsfaktor für ein Team, eine Organisation oder für die Gesellschaft zu sehen. Man könnte sagen, *Diversity, Inclusion & Belonging* bedeutet, nicht *trotz* Unterschiedlichkeit erfolgreich zu sein, sondern *gerade deswegen*. Besondere Bedeutung kommt hier dem Umstand zu, dass Minderheiten erst dann innerhalb einer diversen Gruppe wahrgenommen und nicht mehr ignoriert, ausgegrenzt und anders als die Mehrheit in der Gruppe behandelt werden, wenn sie mindestens 30 % dieser Gesamtgruppe ausmachen [59].

> Man könnte sagen, Diversity, Inclusion & Belonging bedeutet, nicht trotz der Unterschiedlichkeit erfolgreich zu sein, sondern gerade deswegen.

Wenn wir also in Organisationen von der Unterschiedlichkeit profitieren wollen, müssen wir Räume schaffen, in denen Unterschiedlichkeit begrüßt wird, anstatt Anpassung an Konventionen und Mehrheiten zu erwarten oder einzufordern. Gelingen kann dies nur, wenn wir auf drei verschiedenen Ebenen (vgl. Abb. 1.4) unbewusste Voreingenommenheiten ins Bewusstsein heben, implizite Entscheidungsprozesse explizit machen und gemeinsam reflektieren, diskutieren und gestalten:

1. **Auf der individuellen, psychosozialen Ebene:** Uns als Einzelpersonen muss es besser gelingen, die Informationen, die wir zum Treffen von Entscheidungen heranziehen, explizit zu reflektieren und zu hinterfragen. Wenn wir um die Wirkweise von *Unconscious Biases* wissen, ist dies eine gute Basis hierfür. Ziel ist es, dass wir als

Abb. 1.4 Interventionsebenen

Individuen in Organisationen unsere eigenen Einstellungen und Voreingenommenheiten überprüfen und damit individuell zur Verbesserung der Tragfähigkeit von Entscheidungen, an denen wir beteiligt sind, beitragen.
2. In der **Interaktion** zwischen Individuen, beispielsweise in Teams oder zwischen Abteilungen, ist es hilfreich, bewusster in die Selbstbeobachtung zu gehen und auf der Metaebene den Kommunikations- und Entscheidungsprozess zu reflektieren und zum regelmäßigen Diskursgegenstand zu machen. Wenn wir uns gegenseitig hinterfragen und uns *blinde Flecken* spiegeln, gelangen Mechanismen ins Bewusstsein, die wir auf Ebene 1, der individuellen, psychosozialen Ebene, nicht erkennen können.
3. Auf der Ebene der **Organisation,** beispielsweise in Form der der **strukturellen Programme,** die Organisationen den Alltag erleichtern, ist zu hinterfragen, welche unüberprüften Annahmen zu Fehlentscheidungen führen könnten, weil Aufmerksamkeitsfokussierungen, Stereotype und ggf. Vorurteile strukturell eingebaut sind, ohne dass uns dies bewusst wäre. Hier ist beispielsweise das Prinzip der Selbstähnlichkeit in Rekrutierungsprozessen zu nennen, das mittlerweile vielen ein Begriff sein dürfte. Aber auch die Frage, welches Bild eine Organisation von älteren oder jüngeren Arbeitnehmenden hat, worauf basierend Leistung bewertet und Erfolg zugeschrieben wird, bietet sich für einen tiefergehenden, prüfenden Blick an.

Ihr Transfer in die Praxis

1. Um als Organisation von der Unterschiedlichkeit der Menschen, die dort beschäftigt sind, bestmöglich zu profitieren, braucht es das Miteinander und Nebeneinander von Unterschiedlichkeit anstelle eines Gleichmachens.
2. Unbewusste Verzerrungen und Voreingenommenheiten beeinflussen unser Entscheidungsverhalten, und das kann weitreichende (negative) Folgen haben.
3. Als Organisationen und Organisationsmitglieder tragen wir Verantwortung für Vielfalt.
4. Um die negativen Folgen unbewusster Verzerrungen zu reduzieren und zu tragfähigeren Entscheidungen in Organisationen zu kommen,

bedarf es bewusster Reflexion und kontinuierlicher Diskurse auf drei Ebenen: der individuellen/psychosozialen Ebene; der Ebene der Interaktion zwischen Individuen; und der strukturellen Ebene im Rahmen von Entscheidungsprozessen und -programmen in Organisationen.
5. Dies umfasst auch die Frage, wo es innerhalb der Organisation Personen oder Gruppen/Minderheiten gibt, die sich mit *stereotype threat* konfrontiert sehen und daher Strategien anwenden, um bestimmte Eigenschaften oder Merkmale, aus der sich ihre Zugehörigkeit zu einer Minderheit ableitet, zu verdecken versuchen.

Literatur

1. Kahneman, D. (2016): Schnelles Denken, langsames Denken. Penguin
2. https://www.zeit.de/zeit-wissen/2011/06/Entscheidungen?utm_referrer=https%3A%2F%2Fwww.google.com%2F (zuletzt abgerufen am 01.05.2022)
3. Simon, Fritz B. (2013): Grundlagen des Systemischen Managements. Carl-Auer 2013, 6. Auflage, S. 26
4. Von Foerster, Heinz (1991): Wissen und Gewissen. Versuch einer Brücke. Suhrkamp, S. 350–363
5. Roig, Emilia (2021): Why We Matter. Das Ende der Unterdrückung. Aufbau Verlag, S. 139
6. About the IAT – Project Implicit, zuletzt abgerufen am 01.05.2022
7. Gümüşay, Kübra (2020): Sprache und Sein. Hanser, S. 53
8. Gümüşay, Kübra (2020): Sprache und Sein. Hanser, S. 54
9. Vgl. DiAngelo, Robin (2018): White Fragility. Why It's So Hard for White People to Talk About Racism. Beacon Press, S. 403
10. Pragya Agarwal (2020): Sway. Unravelling Unconscious Bias. Bloomsbury Sigma, S. 139
11. Roig, Emilia (2021): Why We Matter. Das Ende der Unterdrückung. Aufbau Verlag, S. 161
12. McKenzie Delis, Leila (2019): Diversity, Inclusion & Belonging. A Leadership Guide about Why Everyone Matters and How to Make Everyone Feel Like They Do, Lulu.com, S. 71
13. DiAngelo, Robin (2018): White Fragility. Why It's So Hard for White People to Talk About Racism. Beacon Press

14. Russell Hochschild, Arlie (2017): Fremd in ihrem Land. Eine Reise ins Herz der amerikanischen Rechten. Campus, S. 188 ff.
15. Echokammer | Das NETTZ (das-nettz.de), zuletzt abgerufen am 01.05.2022
16. Kahneman, D. / Tversky, A. (1979) Prospect Theory. An Analysis of Decision Under Risk. In: Econometrica 47 (2), S. 263–292
17. Clement, Ute (2022): Frauen führen besser, Carl-Auer Verlag, S. 40
18. SAP-Chefin Jennifer Morgan verlässt den Konzern: Gut gemacht, und tschüss – DER SPIEGEL, zuletzt abgerufen am 01.05.2022
19. Why Aren't We Making More Progress Towards Gender Equity? (hbr.org), zuletzt abgerufen am 01.05.2022)
20. El-Mafaalani Aladin (2021^2): Wozu Rassismus? Kiepenheuer & Witsch, S. 132
21. Haruna-Oelker, Hadija (2022): Die Schönheit der Differenz. Miteinander anders denken. Btb, S. 50 f
22. Ein Drittel der befragten Berufstätigen in Deutschland erlebt Diskriminierung | Glassdoor zuletzt abgerufen am 01.05.2022
23. How often are women interrupted by men? Here's what the research says. (advisory.com) zuletzt abgerufen am 01.05.2022
24. https://www.youtube.com/watch?v=ye4Y_VpvCko zuletzt abgerufen am 01.05.2022
25. Institut für Demokratie und Zivilgesellschaft (Hrsg.): Hass im Netz. Der schleichende Angriff auf unsere Demokatie, S. 11. Veröffentlicht im Juni 2019, verfügbar unter Hass_im_Netz-Der-schleichende-Angriff.pdf (campact.de), zuletzt abgerufen am 01.05.2022
26. Was ist Hate Speech? – Amadeu Antonio Stiftung (amadeu-antonio-stiftung.de) zuletzt abgerufen am 01.05.2022
27. Femizid | Europäisches Institut für Gleichstellungsfragen (europa.eu), zuletzt abgerufen am 01.05.2022)
28. vgl. SPIEGEL online vom 08.03.2019, Femizid: Wenn eine Frau umgebracht wird, ist das kein „Familiendrama" - DER SPIEGEL, zuletzt abgerufen am 01.05.2022)
29. Europarat: Empfehlung Nr. 97/20
30. Die Rolle der neuen Medien im Arabischen Frühling | bpb, zuletzt abgerufen am 23.03.2021; zwischenzeitlich nicht mehr verfügbar
31. Proteste in Hongkong: Digital überwacht, digital unsichtbar - taz.de, zuletzt abgerufen am 01.05.2022

32. Institut für Demokratie und Zivilgesellschaft (Hrsg.): Hass im Netz. Der schleichende Angriff auf unsere Demokatie, Veröffentlicht im Juni 2019, verfügbar unter Hass_im_Netz-Der-schleichende-Angriff.pdf (campact.de), zuletzt abgerufen am 01.05.2022
33. Institut für Demokratie und Zivilgesellschaft (Hrsg.): Hass im Netz. Der schleichende Angriff auf unsere Demokatie, Veröffentlicht im Juni 2019, verfügbar unter Hass_im_Netz-Der-schleichende-Angriff.pdf (campact.de), S. 20, zuletzt abgerufen am 01.05.2022
34. Institut für Demokratie und Zivilgesellschaft (Hrsg.): Hass im Netz. Der schleichende Angriff auf unsere Demokatie, Veröffentlicht im Juni 2019, verfügbar unter Hass_im_Netz-Der-schleichende-Angriff.pdf (campact.de), S. 13, zuletzt abgerufen am 01.05.2022
35. Institut für Demokratie und Zivilgesellschaft (Hrsg.): Hass im Netz. Der schleichende Angriff auf unsere Demokatie, Veröffentlicht im Juni 2019, verfügbar unter Hass_im_Netz-Der-schleichende-Angriff.pdf (campact.de), S. 5, zuletzt abgerufen am 01.05.2022
36. Institut für Demokratie und Zivilgesellschaft (Hrsg.): Hass im Netz. Der schleichende Angriff auf unsere Demokatie, Veröffentlicht im Juni 2019, verfügbar unter Hass_im_Netz-Der-schleichende-Angriff.pdf (campact.de), S. 7, zuletzt abgerufen am 01.05.2022
37. Institut für Demokratie und Zivilgesellschaft (Hrsg.): Hass im Netz. Der schleichende Angriff auf unsere Demokatie, Veröffentlicht im Juni 2019, verfügbar unter Hass_im_Netz-Der-schleichende-Angriff.pdf (campact.de), S. 27, zuletzt abgerufen am 01.05.2022
38. Hangartner, Dominik et al. (2021): Empathy-based counterspeech can reduce racist hate speech in a social media field experiment. https://doi.org/10.1073/pnas.2116310118, zuletzt abgerufen am 01.05.2022
39. 43. Roig, Emilia (2021): Why We Matter. Das Ende der Unterdrückung. Aufbau Verlag, S. 150
40. Czollek, Leah Carola; Perko, Gudrun; Kaszner, Corinne; Czollek, Max (2019^2): Praxishandbuch Social Justice und Diversity. Theorien, Training, Methoden, Übung. Beltz Juventa, S. 49
41. Bohr, Felix/Duhm, Lisa/Fokken, Silke/Pieper, Dietmar: Liebe Lesende (Leitartikel). In: Der Spiegel 10/2021, S. 8–15
42. The Surgeon's Dilemma, zitiert nach We are all sexist: how unconscious bias drives inequality – Working Voices, zuletzt abgerufen am 01.05.2022
43. Bohr, Felix/Duhm, Lisa/Fokken, Silke/Pieper, Dietmar: Liebe Lesende (Leitartikel). In: Der Spiegel 10/2021, S. 9

44. Burel, Simone (2020): Quick Guide Female Leadership. Springer, Gabler S. 19
45. Tavits, M. / Pérez, E. (2020): Language Influences Mass Opinion Toward Gender and LGBT equality. In: Proceedings of the National Academy of Sciences of the United States of America (PNAS), first published August 5., 2019. Language influences mass opinion toward gender and LGBT equality | PNAS, zuletzt abgerufen am 01.05.2022
46. Bohr, Felix/Duhm, Lisa/Fokken, Silke/Pieper, Dietmar: Liebe Lesende (Leitartikel). In: Der Spiegel 10/2021, S. 10
47. Bohr, Felix/Duhm, Lisa/Fokken, Silke/Pieper, Dietmar: Liebe Lesende (Leitartikel). In: Der Spiegel 10/2021, S. 11
48. Scholz, David (Hrsg., 2022): Transidentität und drittes Geschlecht im Arbeitsumfeld. Ein Praxisbuch für Unternehmen und den öffentlichen Dienst. Springer Gabler, S. VI
49. Scholz, David (Hrsg., 2022): Transidentität und drittes Geschlecht im Arbeitsumfeld. Ein Praxisbuch für Unternehmen und den öffentlichen Dienst. Springer Gabler, S. 2
50. Scholz, David (Hrsg., 2022): Transidentität und drittes Geschlecht im Arbeitsumfeld. Ein Praxisbuch für Unternehmen und den öffentlichen Dienst. Springer Gabler, S. 3
51. Scholz, David (Hrsg., 2022): Transidentität und drittes Geschlecht im Arbeitsumfeld. Ein Praxisbuch für Unternehmen und den öffentlichen Dienst. Springer Gabler, S. 43
52. Scholz, David (Hrsg., 2022): Transidentität und drittes Geschlecht im Arbeitsumfeld. Ein Praxisbuch für Unternehmen und den öffentlichen Dienst. Springer Gabler Vgl. Scholz, David (Hrsg., 2022): Transidentität und drittes Geschlecht im Arbeitsumfeld. Ein Praxisbuch für Unternehmen und den öffentlichen Dienst. Springer Gabler
53. Vgl. Scholz, David (Hrsg., 2022): Transidentität und drittes Geschlecht im Arbeitsumfeld. Ein Praxisbuch für Unternehmen und den öffentlichen Dienst. Springer Gabler, S. 45
54. Cognitive bias cheat sheet. Because thinking is hard. | by Buster Benson | Better Humans, zuletzt abgerufen am 01.05.2022
55. Chimamanda Adichie: Die Gefahr der einen einzigen Geschichte | TED Talk, zuletzt abgerufen am 01.05.2022
56. McKinsey (2018): Delivering Through Diversity, S. 23 f

57. McKenzie Delis, Leila (2019): Diversity, Inclusion & Belonging. A Leadership Guide about Why Everyone Matters and How to Make Everyone Feel Like They Do. Lulu.com, S. 33 f
58. https://rework.withgoogle.com/print/guides/5721312655835136/, zuletzt abgerufen am 01.05.2022
59. Jablonski, H. (2019): Privilegien (an)erkennen und Potenziale richtig einschätzen. In: Domsch, M. / Ladwig, D. / Weber, F. Hrsg.: Vorurteile im Arbeitsleben, S. 25

2

Unconscious Bias erkennen

„*Implicit bias may operate outside of awareness, hidden from those who have it, but the discrimination that it produces can be clearly visible to researchers, and almost certainly also clearly visible to those who are disadvantaged by it.*" *(Mahzarin R. Banaji, Anthony G. Greenwald)*

> **Was Sie aus diesem Kapitel mitnehmen**
> - Das von der Autorin entwickelte EVE-Modell zeigt, wie Entscheidungsprozesse bewusst überprüft und damit Fehlentscheidungen oder unfaire Entscheidungen, die auf Verzerrungen und Voreingenommenheiten beruhen, reduziert oder vermieden werden können.
> - Im ersten Schritt geht es hierbei um das Sichtbarmachen von Entscheidungskriterien entlang des Prozesses, indem Annahmen überprüft werden.
> - Schritt 2 besteht aus der Formulierung von Hypothesen, die mit diesen Annahmen im Zusammenhang stehen.
> - In Schritt 3 geht es um die bewusste Wahrnehmung dessen, was im Entscheidungsprozess geschieht. Im Sinne von Kahnemans Modell wird

> intuitives Entscheiden damit vermieden und dem analytischen System der Vorrang gegeben.
> - In den Schritten 4 und 5 schließlich geht es darum, den Entscheidungsprozess anzupassen und (in der Organisation) sukzessive einen Diskurs zu etablieren, mit dem bislang unbewusste Prozesse sichtbar gemacht werden.

2.1 Zwei Kategorien von Unconscious Biases

Um die negativen Konsequenzen unbewusster Verzerrungen zu verändern, ist es notwendig, den Einfluss dieser Vorverurteilungen auf Entscheidungsprozesse zu erkennen, sichtbar, besprechbar und schließlich veränderbar zu machen. Doch wie gelingt es uns, unsere blinden Flecken gegenüber marginalisierten Gruppen zu erkennen? In diesem zweiten Kapitel stelle ich ein von mir entwickeltes Modell vor, das zur bewussten und regelmäßigen Überprüfung von Entscheidungsprozessen verwendet werden kann und auf der Idee der Habitualisierung basiert: das EVE-Modell. Was wir zunächst bewusst in den Blick nehmen und zu einer Gewohnheit machen, braucht nach einiger Zeit nicht mehr unsere volle bewusste Aufmerksamkeit, das kennen wir beispielsweise vom Fahrradfahren oder dem Erlernen einer Sprache. Wichtig beim Einrichten solcher neuen Gewohnheiten ist jedoch, dass diese auf Anerkennung aus dem Umfeld stoßen und für uns mehr Belohnung als Bestrafung bereithalten – und dass sie möglichst niederschwellig sowie einfach umsetzbar und wiederholbar sind.

> *Was wir zunächst bewusst in den Blick nehmen und zur Gewohnheit machen, braucht nach einiger Zeit nicht mehr unsere volle bewusste Aufmerksamkeit.*

Grundsätzlich unterscheiden wir zwischen zwei Kategorien von Situationen, in denen *Unconscious Biases* auftreten und uns beeinflussen können: Entweder sind wir davon betroffen, dass eine andere Person (oder Gruppe) uns gegenüber voreingenommen ist, oder wir selbst sind einer anderen Person (oder Gruppe) gegenüber voreingenommen. Abb. 2.1 (in Anlehnung an das in Abschn. 1.4 vorgestellte Johari-Fenster) zeigt diese beiden Kategorien.

In den beiden grau hinterlegten Feldern finden sich die Situationen, in denen unbewusste Voreingenommenheiten zum Tragen kommen: Entweder hat eine andere Person (oder Gruppe) mir gegenüber eine unbewusste Voreingenommenheit, die mir aber bewusst ist; oder ich habe einer anderen Person (oder Gruppe) gegenüber eine Voreingenommenheit, die dieser bewusst, mir jedoch unbewusst ist. Eine dritte Kategorie besteht darin, dass wir beide nicht sehen, dass es unbewusste Voreingenommenheiten gibt, und man kann sogar sagen, dass auch im Falle, dass wir es beide sehen, Voreingenommenheiten noch ihre Wirkung entfalten können, die allerdings durch den Bewusstmachungsprozess abgemildert worden sein kann.

In jedem Fall bedarf es, siehe hierzu die Darstellung des Johari-Fensters, der Rückmeldung, wenn eine Person etwas sieht, das der anderen nicht bewusst und für sie nicht sichtbar ist. Denn nur dann ist eine Veränderung möglich.

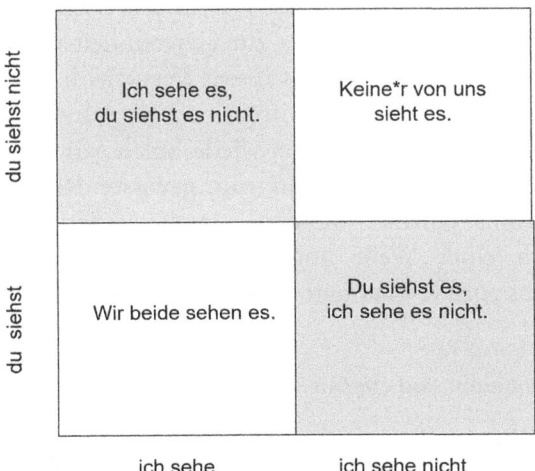

Abb. 2.1 Kategorien von Unconscious Bias

2.2 Die Macht der Gewohnheit

James Clear beschreibt in seinem Bestseller *Die 1 % Methode: minimale Veränderung, maximale Wirkung*, wie es uns gelingt, anhand kleiner Gewohnheiten, die wir konsequent umsetzen, umfassende Veränderungen zu erreichen. Gewohnheiten sind erst einmal, wenn wir sie nur beobachten, ohne sie zu bewerten, neutrale Vorgänge, die wir kontinuierlich wiederholen, ohne dass wir uns dafür immer wieder neu bewusst entscheiden müssten. Sie laufen automatisch ab, sobald sie erst einmal zur Gewohnheit geworden sind [1].

Betreffen sie in erster Linie uns selbst, gelingt es uns meist recht gut, sie nach bewusster Selbstbeobachtung in eine von drei Bewertungskategorien einzuordnen: positive Gewohnheiten (solche, die ein für uns positives Ergebnis zur Folge haben, wie beispielsweise jeden Dienstagabend zum Yogakurs zu gehen), neutrale Gewohnheiten (beispielsweise solche, die schlicht und ergreifend überlebensnotwendig sind, wie Nahrungszufuhr oder Schlaf) und negative Gewohnheiten (solche, die ein für uns negatives Ergebnis zur Folge haben, das jedoch ggf. erst in entfernter Zukunft realisiert wird, beispielsweise Rauchen oder zu viel Sport bis über die Belastungsgrenze hinaus).

Auch Gewohnheiten sind erlernte Verhaltensweisen. Irgendwann einmal haben wir das, was dann später zur Gewohnheit wurde, zum ersten Mal ausprobiert, und das Ergebnis dieses Versuchs hat uns signalisiert: erfolgreich (im Sinne der Erreichung eines angestrebten Effekts oder Ergebnisses), weitermachen! Daher wiederholen wir diese Verhaltensweise. Und sofern auch weiterhin mit gewisser Regelmäßigkeit das erwartete Ergebnis eintritt, wenden wir dieses Verhalten weiter an, sodass es nach einer Weile automatisiert und unbewusst ablaufen kann – es ist uns zur Gewohnheit geworden.

> *Auch Gewohnheiten sind erlernte Verhaltensweisen.*

Was im Laufe dieses Prozesses in unserem Gehirn geschieht, erklärt Clear am Beispiel eines Experiments des Psychologen Edward Thorndike, der

1898 Katzen in einen Käfig steckte, aus dem es eine Fluchtmöglichkeit durch eine Seitentür gab. Diese ließ sich durch einen Hebel öffnen, der im Käfig befestigt war, oder durch eine Schnur. Thorndike führte unterschiedliche Versuchsvarianten durch und stellte fest, dass es mit steigender Anzahl an Versuchen der jeweiligen Katze immer schneller gelang, die Lösung (den Hebel oder die Schnur) zu finden, aus dem Käfig zu entkommen und Futter vorzufinden:

> „Je mehr sie geübt hatte, desto weniger Fehler machte die Katze, und desto schneller und automatischer konnte sie handeln. Sie wiederholte ihre Fehler nicht, sondern ging direkt zur Lösung über." [2]

Wenn wir also kontinuierlich denselben Lösungsweg verfolgen, um ein gewünschtes Ergebnis in einer bestimmten Situation zu erzielen, werden wir in diesem Verhalten immer schneller und immer besser – es wird zur Gewohnheit. Zu Beginn ist noch einiges an Hirnkapazität notwendig, um herauszufinden, wie die Lösung genau funktioniert. Um verschiedene Möglichkeiten auszuprobieren, braucht unser Gehirn mehr Zeit, es kostet uns mehr Aufwand. Haben wir jedoch den Ablauf verinnerlicht, kann Kapazität freigesetzt und anderweitig genutzt werden – und hier liegt der Nutzen von Gewohnheiten. Wenn wir über Tätigkeiten, über Wege, über Entscheidungsprozesse nicht mehr nachdenken, sie nicht mehr bewusst ausführen müssen, spart das Hirnkapazität, und wir können uns gleichzeitig mit komplizierteren und komplexeren Fragen beschäftigen.

> *Bevor eine Veränderung der Gewohnheiten stattfinden kann, ist es notwendig, sich im Rahmen der Selbstbeobachtung und Selbstreflexion mit den eigenen unbewussten Verzerrungen und Voreingenommenheiten auseinanderzusetzen.*

Bezogen auf Unconscious Bias beschreibt Patricia Devine die Strategie, mit der Bias-Gewohnheit zu brechen, wie folgt:

> „Specifically, once a person is motivated to act in less biased ways, breaking the habit involves 1) becoming aware of when one is vulnerable

to unintentional bias, 2) understanding the consequences of unintentional bias, 3) learning and practicing effective strategies to reduce the impact of unintentional bias." [3]

Bevor also eine Veränderung der Gewohnheiten stattfinden kann, ist es notwendig, sich im Rahmen der Selbstbeobachtung und Selbstreflexion mit den eigenen unbewussten Verzerrungen und Voreingenommenheiten auseinanderzusetzen. Hierzu schlage ich nachfolgend ein Fünf-Schritte-Modell vor, das drei Phasen umfasst: das EVE-Modell, das uns dabei unterstützt, unsere unbewussten Voreingenommenheiten zu erkennen (E), ihre Auswirkungen auf Entscheidungsprozesse und vor allem auf diejenigen zu verstehen, die von unseren Entscheidungen betroffen sind (V), sowie schließlich mittels bewusster Entscheidung zu einem weniger voreingenommenen Entscheidungsergebnis zu kommen (E).

2.3 Unconscious Bias erkennen (E)

Wollen wir unbewusste Voreingenommenheiten so weit wie möglich aus unseren Entscheidungsprozessen verbannen oder sie zumindest für einen bewussteren Entscheidungsprozess explizit und sichtbar machen, gilt es also, im ersten Schritt zu erkennen, welchen Voreingenommenheiten wir überhaupt unterliegen. Hier helfen uns die nachfolgenden Schritte (vgl. Abb. 2.2).

Schritt 1: Überprüfung von Annahmen
Würden wir den Entscheidungsprozess, den wir überprüfen wollen, zum ersten Mal ausführen, wäre es offensichtlich, dass wir die Informationen, auf deren Basis wir unsere Entscheidung treffen wollen, sammeln und explizit machen, beispielsweise anhand einer Liste aller Pro- und Kontra-Fakten, anhand einer Stakeholder-Analyse (z. B. welche Personen und Gruppen haben welche Interessen und Erwartungen) oder ähnlicher Aktivitäten. Wir würden möglicherweise sogar noch einen Schritt weitergehen und die einzelnen Daten in unserer Sammlung mit einer Bewertung versehen, beispielsweise

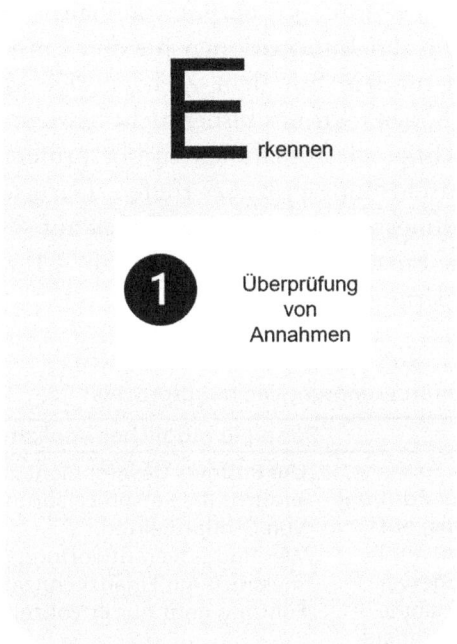

Abb. 2.2 Schritt 1 des EVE-Modells

hinsichtlich ihrer Wichtigkeit, ihrer Eintrittswahrscheinlichkeit oder weiterer Aspekte. Ähnlich wie bei Thorndikes Katze würden wir bei der erneuten Konfrontation mit derselben Situation möglicherweise versuchen, denselben Weg wieder zu gehen, uns jedoch noch einmal rückversichern, dass alle oder die meisten Rahmenbedingungen, die wir uns beim ersten Mal als Basis für unsere Entscheidung genommen haben, erneut zutreffen. Stellten wir dann an der einen oder anderen Position Veränderungen fest, wäre das möglicherweise Anlass, eine Neubewertung vorzunehmen oder gar den gesamten Entscheidungsprozess nochmals infrage zu stellen. Durchliefen wir diesen Prozess dann mehrere Male, würden wir ab einem gewissen Punkt darauf vertrauen, dass alle Bedingungen gleich geblieben sind, und der Entscheidungsprozess würde zur Gewohnheit.

Diesen Ablauf gilt es nun, aus der Gewohnheit, dem *impliziten* Verarbeiten der Fakten und Informationen für den Entscheidungsprozess, wieder *explizit* zu machen mit dem Ziel, etwaige Voreingenommenheiten aufzudecken, derer wir uns bisher nicht bewusst waren. Im ersten Schritt ist also wichtig, alle Annahmen zu überprüfen, die wir implizit im Verlauf des Entscheidungsprozesses treffen. Dazu schreiben wir entlang des Entscheidungsprozesses alle Annahmen auf – wir erstellen eine Visualisierung des Entscheidungsprozesses. Tab. 2.1 zeigt ein Beispiel zum Thema Beförderungsentscheidungen.

Tab. 2.1 Beispiel: Beförderungsentscheidungsprozess

Prozessschritt	Beispiele möglicher impliziter Annahmen
Beschreibung der Anforderungen der Position/ der Hierarchieebene, auf die befördert werden soll, beispielsweise Budgetverantwortung, Übernahme von Business-Development-Aufgaben, Personalführung	„Um Business Development zu machen, braucht die Person Erfahrung in der Akquise von Großprojekten." „Wer Budgetverantwortung übernehmen will, muss sich mit Finanzkennzahlen auskennen." „Führung geht nur in Vollzeit."
Erstauswahl möglicher Kandidat*innen aufgrund ihrer letzten Leistungs- und Potenzialbewertung	„Wer im letzten Jahr eine (sehr) gute Bewertung hatte, wird auch künftig (sehr) gute Performance zeigen." „Abteilungsinterne Kandidat*innen kennen sich in den Strukturen bereits aus und sind daher besser geeignet." „Highflyer sind spätestens nach drei Jahren wieder weg, weil sie sich frühzeitig nach dem nächsten Karriereschritt umschauen."
Vorauswahl nach dem ersten Interview	„Person X hat besser präsentiert als Person Y." *(Kontrasteffekt)* „Die jahrelange Führungserfahrung von Person Z wiegt ihre geringe Erfahrung im Bereich Business Development auf." *(Halo-Effekt)* „In dem Alter steht bestimmt als nächstes die Familienplanung an, und dann suchen wir wieder von Neuem." *(Gender Bias* – wäre, wenn es ausgesprochen wird oder nachweisbar die Entscheidung beeinflusst, rechtlich nicht vertretbar gemäß AGG)

Quelle: Eigene Darstellung

Im Beispiel sind für jeden Prozessschritt innerhalb des Entscheidungsprozesses mögliche hiermit verbundenen Annahmen, mit denen die für den Prozess verantwortliche Person operiert, separat aufgeführt. Nun, da sie explizit formuliert sind, ist es deutlich einfacher, sie bewusst zu reflektieren und sich dahingehend kritisch zu fragen, welche davon tatsächlich zutreffen und wo eine Annahme Ergebnis einer unbewussten Voreingenommenheit sein könnte.

> *Im Zuge der Reflexion und Diskussion ist entscheidend, sich so frei wie möglich von dem zu machen, was die Gruppe bereits zu wissen glaubt.*

Sehr hilfreich bei der Überprüfung von Annahmen ist die Reflexion zu zweit oder innerhalb einer Gruppe, denn die sprichwörtlichen vielen Augen sehen mehr als zwei, gleiches gilt für die Ohren, die mehr hören. Sobald in einer Gruppe der Prozess mit den entsprechenden Einzelschritten schriftlich dokumentiert wird und die Annahmen, die hinter bestimmten Urteilen stehen könnten, formuliert werden, können diese gemeinsam reflektiert und diskutiert werden. Hierzu ist entscheidend, sich so frei wie möglich von dem zu machen, was die Gruppe bereits zu wissen glaubt. Denn häufig (siehe *Confirmation Bias*) suchen wir eher nach den Informationen, die bestätigen, was wir ohnehin schon zu wissen glauben.

Hintergrund: Die Ebenen des Zuhörens und die Barrieren des organisationalen Lernens nach Otto Scharmers „Theorie U"
Entlang der Frage, wie das Neue in die Welt kommt, hat MIT-Professor C. Otto Scharmer in den letzten Jahrzehnten[1] die sogenannte Theorie U entwickelt, die einen Rahmen für die Gestaltung von Veränderungsprozessen bietet. Zwei der zentralen Elemente sind die Ebenen des Zuhörens sowie die Barrieren, die nach Scharmers Forschung und Praxiserfahrung in der Arbeit mit Organisationen das Lernen erschweren oder gar verhindern – und deren Überwindung.

---

[1] Die Erstveröffentlichung von „Theorie U: Von der Zukunft her führen" datiert auf das Jahr 2007, ihr gingen jedoch bereits einige Jahre intensiver Forschungsarbeit voraus.

Zum organisationalen Lernen beschreibt Scharmer (für eine tiefergehende Auseinandersetzung hiermit sei auf James March [4] verwiesen), dass Verhaltensmuster, die sich als erfolgreich erweisen und daher wiederholt werden, beispielsweise dann limitierend wirken können, wenn sich zwischenzeitlich die Umwelt der Organisation verändert, diese aber Anpassung nicht für notwendig erachtet und weiterhin das erlernte und zur Routine verfestigte Verhaltensmuster bedient. Damit wird verhindert, „dass die Organisation die Realität, mit der sie konfrontiert ist, ungetrübt wahrnimmt und aus dieser Wahrnehmung heraus handelt" [5]. Dadurch wird das reproduziert, was Scharmer als erste Ebene des Zuhörens bezeichnet: das sogenannte *downloading* oder Herunterladen von Informationen. Hierbei werden Informationen nicht wirklich als solche wahrgenommen[2], der Fokus des Zuhörens liegt eher auf der erneuten Bestätigung dessen, was ohnehin schon als Wissen akzeptiert ist, Neues oder Widersprüchliches wird eher abgelehnt und aussortiert. Dies führt zu folgenden Effekten:

1. Alte Denkmuster und -schablonen werden erneut abgespult, ohne dass sie bewusst reflektiert würden. Dadurch werden Informationen nach der Passung in diese Muster und Schablonen aufgenommen oder aussortiert.
2. Gleiches geschieht in der Kommunikation: Es wird nach alten Mustern gesprochen, ohne zu sagen, was man wirklich denkt (im Unterschied zu dem, was erwartet wird und konventionell ist).
3. Auf der Ebene des Handelns wird folgerichtig auf alte Gewohnheiten vertraut, alte Handlungsmuster werden unabhängig von der konkreten Situation eingesetzt.
4. Schließlich findet keine unvoreingenommene Selbstbeobachtung statt, alte Sehgewohnheiten werden genutzt, sodass auch keine neuen/anderen Beobachtungen in den Kommunikationsprozess zurückgespielt werden [5].

Um diesen Barrieren des organisationalen Lernens und damit der Verhinderung von Veränderung entgegenzutreten, schlägt Scharmer eine

---

[2] Im Sinne der Batesonschen Definition, Information sei „ein Unterschied, der einen Unterschied macht" (vgl. Bateson, Ökologie des Geistes).

Veränderung des Zuhörens vor, und zwar vom *downloading* über die Ebenen der *Debatte,* des *Dialogs* hin zur Ebene dessen, was Scharmer *Presencing* nennt, also der „gemeinsamen Gegenwärtigung" [5]. Dazu ist wichtig, aus den Denkgewohnheiten der Vergangenheit auszusteigen, indem wir Unterschiede aussprechen (Zuhören der Ebene 2: Debatte), erkunden und gemeinsam denken (Zuhören der Ebene 3: Dialog) und schließlich in einen Prozess aus gegenseitigem authentischen Mitteilen und einander Zuhören übergehen – das *Presencing*. [6] Stephen Covey hat die innere Haltung dazu einmal mit den Worten bezeichnet, Ziel des Zuhörens mit echtem Interesse und Zugewandtheit sei *to listen to understand, not to prepare your answer* [7].

Für den Kontext von *Unconscious Biases* sind Scharmers Ebenen des Zuhörens insofern relevant, als die Reflexion über unsere unbewussten Verzerrungen und Voreingenommenheiten ein Zuhören mindestens der Ebenen 2 und 3 notwendig macht. Solange wir im *downloading* von Informationen verharren, findet keine explizite Auseinandersetzung mit unseren impliziten Voreingenommenheiten statt, wir verbleiben im Modus des Autopiloten. Wenn wir uns in Schritt 1 also zum Ziel setzen, unsere Annahmen zu überprüfen, ist hilfreich, bewusst über die Ebene 1 des Zuhörens und auch über die rein faktische und sachliche Auseinandersetzung mit dem Gehörten hinauszugehen. Im nächsten Schritt dienen die so gesammelten Informationen (im Batesonschen Sinne) als Grundlagen für die Hypothesenbildung entlang des Mottos: Es könnte auch ganz anders sein.

> *Allein das Wissen, dass es auch immer ganz anders sein könnte, als wir annehmen, hilft dabei, Annahmen als Wirklichkeitskonstruktionen zu betrachten und nicht als faktische, unwiderlegbare Tatsachen.*

Schritt 2: Hypothesen als Überbrückungskonstruktionen entwickeln
Im zweiten Schritt (vgl. Abb. 2.3) geht es weniger darum, sofort aufzudecken, wo sich Vorverurteilungen verbergen – wenngleich dies natürlich ein Nebeneffekt sein kann, der schon an dieser Stelle eintritt. In den meisten Fällen wird jedoch völlig ausreichend sein, sich die Annahmen bewusst zu machen und sich mithilfe von Hypothesen,

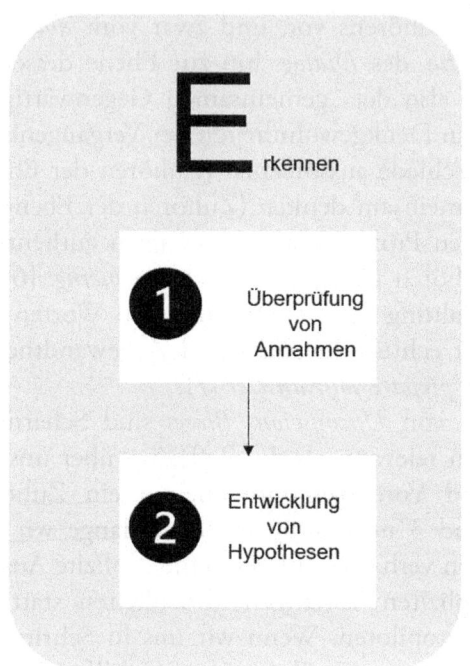

Abb. 2.3 Schritt 2 des EVE-Modells

die man in der Systemtheorie auch als Überbrückungskonstruktionen bezeichnet, auch weitere, andere Annahmen zu überlegen, die ebenso gut zutreffen könnten. Zur Verdeutlichung finden sich in Tab. 2.2 alternative Hypothesen zu den Annahmen aus Tab. 2.1.

Bereits in diesem Stadium kann sehr offensichtlich werden, wo es im Entscheidungsprozess künftig genauer hinzusehen gilt. Dabei ist gar nicht entscheidend, welche der Hypothesen nun tatsächlich zutrifft. Allein das Wissen, dass es auch immer ganz anders sein könnte, als wir annehmen, hilft dabei, Annahmen als Wirklichkeitskonstruktionen zu betrachten und nicht als faktische, unwiderlegbare Tatsachen. So manches Mal wird uns das möglicherweise erschrecken, denn gerade weil Entscheidungsprozesse, die regelmäßig wiederkehren, zur Gewohnheit werden, gehen wir unreflektiert davon aus, dass unsere Entscheidungen auf eindeutigen Fakten beruhen.

Tab. 2.2 Alternative Hypothesen zum Beispiel: Beförderungsentscheidungsprozess

Implizite Annahmen	Alternative Hypothesen
„Um Business Development zu machen, braucht die Person Erfahrung in der Akquise von Großprojekten."	„Auch ohne bisherige Erfahrung in der Akquise von Großprojekten kann eine Person erfolgreich im Business Development sein."
„Wer Budgetverantwortung übernehmen will, muss sich mit Finanzkennzahlen auskennen."	„Wer Budgetverantwortung übernehmen will, sollte bereit sein, sich mit Finanzkennzahlen zu beschäftigen und sein*ihr Wissen dazu aus- oder aufzubauen."
„Führung geht nur in Vollzeit."	„Wenn die Führungsaufgaben klar und trennscharf formuliert sind, ist auch eine Aufteilung der Führungsrolle auf zwei Teilzeitkräfte (Job Sharing, Führungstandem, Doppelspitze) möglich."
„Wer im letzten Jahr eine (sehr) gute Bewertung hatte, wird auch künftig (sehr) gute Performance zeigen."	„Die Beurteilung von Leistung ist vergangenheitsorientiert und sollte getrennt von der zukunftsorientierten Einschätzung des Potenzials betrachtet werden."
„Abteilungsinterne Kandidat*innen kennen sich in den Strukturen bereits aus und sind daher besser geeignet."	„Sowohl abteilungsinterne als auch -externe Kandidat*innen kommen mit Vor- und Nachteilen. Langjährige Kenntnis der Strukturen kann genauso gut zu Betriebsblindheit führen."
„Highflyer sind nach drei Jahren spätestens wieder weg, weil sie sich frühzeitig nach dem nächsten Karriereschritt umschauen."	„Es gibt mehr oder weniger karriereorientierte Personen, und selbst wenn jemand sich nach ein paar Jahren für einen Wechsel entscheidet, kann das auch für das Team/die Abteilung eine hilfreiche Veränderung sein."
„Person X hat besser präsentiert als Person Y."	„Ich betrachte die Präsentationsfertigkeiten beider Kandidat*innen möglichst unabhängig voneinander und vergleiche sie eher mit meinen Erwartungen an die für den Job notwendigen Fertigkeiten – mittels beobachtbarem Verhalten, z. B. *Vortrag frei formuliert vs. wörtlich von den Notizen abgelesen*."
„Die jahrelange Führungserfahrung von Person Z wiegt ihre geringe Erfahrung im Bereich Business Development auf."	„Unabhängig von den Personen, die sich auf die ausgeschriebene Position bewerben, lege ich vorab fest, welche Anforderungen es an diese Position gibt und lege eine Rangfolge dieser Anforderungen fest."
„In dem Alter steht bestimmt als nächstes die Familienplanung an, und dann suchen wir wieder von Neuem."	„Geringeres Alter lässt keine Schlüsse auf Lebensplanung, Wünsche und Vorstellungen zu. Und selbst wenn, darf niemand aufgrund dieser Wünsche und Vorstellungen von einer Position, für die sie* er qualifiziert ist, ausgeschlossen werden."

Quelle: Eigene Darstellung

2.4 Unconscious Bias verstehen (V)

Nachdem wir uns nun bewusst gemacht haben, in welchen Bereichen unsere Entscheidung auf Wirklichkeitskonstruktionen beruhen, die uns gar nicht bewusst sind, müssen wir verstehen, an welchen Stellen Voreingenommenheiten vorliegen, die zu Ungleichbehandlungen führen können. Es gilt also, unsere Hypothesen dahingehend zu überprüfen, wo wir unzulässige Verkürzungen, unangebrachte Vorverurteilungen oder allgemein Zuschreibungen vornehmen, die auf *Unconscious Biases* beruhen.

> *Von zentraler Bedeutung ist es, zwischen Beschreibungen, Erklärungen und Bewertungen zu unterscheiden.*

Von zentraler Bedeutung ist hierbei, zwischen Beschreibungen, Erklärungen und Bewertungen zu unterscheiden. Eine Beschreibung beinhaltet lediglich Merkmale, die ich auch tatsächlich beobachten kann („Das Dokument besteht derzeit aus 31 Seiten.") Eine Erklärung beinhaltet stets Zuschreibungen und Interpretationen, auch wenn diese (auch) auf beobachtbaren Fakten und Phänomenen beruhen. Konstruktivistisch betrachtet gibt es auch immer noch weitere, andere Erklärungen für dasselbe Phänomen, und im Kontext unbewusster Verzerrungen ist es hilfreich, sich zu vergegenwärtigen, dass es – siehe oben – immer auch ganz anders sein könnte. Stereotypen und Vorurteile fallen in die Kategorie der Erklärungen, ggf. schwingt beim Vorurteil auch schon eine Bewertung mit, wenn wir ein Merkmal implizit schon für gut oder schlecht halten, also positiv oder negativ konnotieren. Abb. 2.4 zeigt Schritt 3 des Modells: Wahrnehmen und pausieren.

Schritt 3: Wahrnehmen und pausieren
Ganz entscheidend ist, nun nicht in hektischen Aktionismus zu verfallen, sich schlecht zu fühlen, weil man entdeckt hat, dass man einem Vorurteil aufgesessen ist, und mit dem Ziel einer schnellen Alternative eine andere Wahl zu treffen. Im Gegenteil: Besonders hilfreich im Sinne

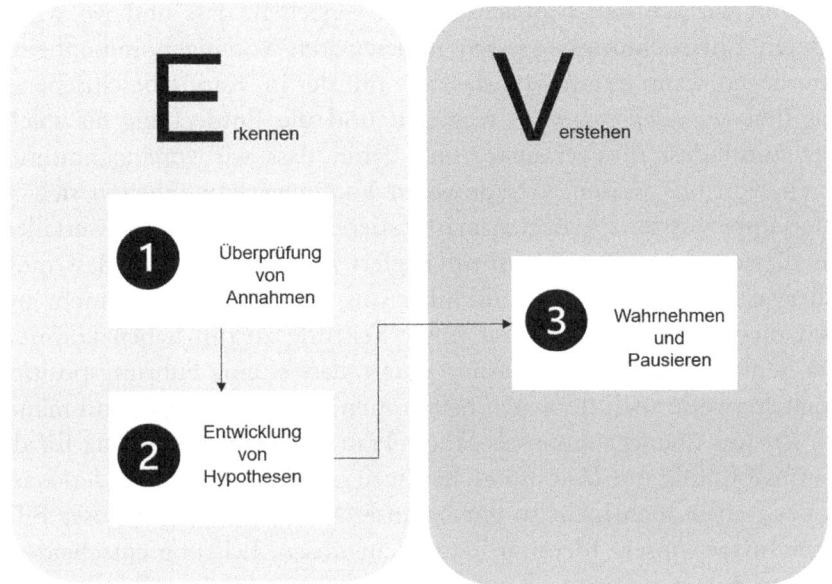

Abb. 2.4 Schritt 3 des EVE-Modells

der Achtsamkeit und der Wertschätzung ist nun, eine Pause einzulegen, sodass sich erst einmal setzen kann, was gerade zutage getreten ist. Bevor wir also im nächsten Schritt entscheiden, wie wir anders verfahren wollen als bisher, gilt es nun, in die Selbstbeobachtung zu gehen und sich mit dem, was zutage trat, möglichst neutral auseinanderzusetzen. Eine interessierte, nähere Beobachtung empfiehlt sich, anhand derer wir unter dem Motto: „Ach, das ist ja interessant!" uns selbst betrachten und dann wahrnehmen können, wie wir auf unsere Entdeckung reagieren.

> Es passt eben auch nicht so gut in unser Selbstkonzept, in unser Bild, unser Image, unsere Identität, dass nicht unsere Leistung entscheidend gewesen sein mag, sondern ein Faktor oder verschiedene Faktoren, die wir nicht einmal selbst beeinflussen können.

Wenn wir achtsam beobachten und verstehen, dass und wo wir in unseren Entscheidungsprozessen unbewussten Voreingenommenheiten unterliegen, kann es gut sein, dass wir mit der in Kap. 1 beschriebenen Fragilität *(aversion loss bias)* reagieren und die Entdeckung als solche oder zumindest die Verantwortung dafür, dass wir voreingenommen waren, von uns weisen. Gerade wenn Voreingenommenheiten sich als Folge unbewusster Privilegien manifestieren, kann es uns schwerfallen, uns dies einzugestehen. Denn privilegiert zu sein impliziert, dass möglicherweise Entscheidungen, die über uns getroffen wurden, mehr mit eben diesen Privilegien als mit unser Leistung zu tun haben könnten. Wer denkt schon als weißer Mann daran, dass er eine Führungsposition möglicherweise auch deswegen bekommen hat, weil er weiß und männlich ist; wer überlegt schon als Single-Frau, ob sie den Zuschlag für die Traumwohnung nur bekommen hat, weil sie attraktiv und kinderlos ist? Es passt eben auch nicht so gut in unser Selbstkonzept, in unser Bild, unser Image, unsere Identität, dass nicht unsere Leistung entscheidend gewesen sein mag, sondern ein Faktor oder verschiedene Faktoren, die wir nicht einmal selbst beeinflussen können.

Auf der anderen Seite kann eine mögliche Reaktion auf diesen Reflexionsprozess auch ein gewisser Grad an Enttäuschung über uns selbst und Selbstgeißelung, Scham oder Wut sein, weil uns unsere eigene Fehleranfälligkeit bewusst wird, weil wir erkennen, dass wir nicht perfekt sind. In beiden Fällen ist hilfreich, den Umgang mit *Unconscious Bias* als Lernreise zu verstehen, bei der es nicht um Perfektion geht, sondern um iterative Zyklen aus Erkenntnis, Verständnis und alternativer Entscheidung.

In diesem Zusammenhang ist eine Methode hilfreich, die ich häufig in Einzelcoachings verwende, wenn Personen, konfrontiert mit einer Wahrnehmung, der sie zunächst nicht zustimmen, in den Widerstand gegen diese Wahrnehmung gehen. Ein dann häufig auftretender Effekt ist, dass diese Personen Erklärungen dafür finden, warum der*die Urheber*in dieser Wahrnehmung, beispielsweise eines Feedbacks zum Verhalten der Person, falsch liegen: Der*die Feedbackgeber*in, so eine beliebte Erklärungsvariante, habe die Frage nicht verstanden, auf die das Feedback eine Antwort ist; die*der Feedbackgeber*in sei gar nicht in der Lage, den entsprechenden Sachverhalt zu beurteilen; oder es werden dem*der Feedbackgeber*in negative, eigennützige Absichten unterstellt, deren Resultat das Feedback sei. In solchen Momenten nutze ich die Methode „Nur mal angenommen..." und lade die Person ein, nur für einen kurzen Moment (beispielsweise eine Minute) einmal anzunehmen, das, was die*der Feedbackgeber*in da zurückgemeldet hat, sei „wahr" – was dann? Diese Übung ist auch dann sehr hilfreich, wenn wir in der Selbstreflexion eine bis dato unbewusste Verzerrung oder gar ein Vorurteil an uns selbst festgestellt haben (oder von anderen darauf hingewiesen wurden) und uns dabei beobachten, dies reflexartig von uns zu weisen. Nur mal angenommen, es wäre doch wahr – was hieße das dann für uns? Nur mal angenommen, es träfe doch zu – welche Konsequenzen würden wir dann daraus ziehen? Was könnten, wollten, sollten wir dann wie verändern? Und mit Blick auf die Konsequenzen einer Nichtveränderung: Was wäre, wenn wir dieses Feedback einfach ignorierten und mit blindem Fleck weiter so entschieden, wie wir bisher entschieden haben? Welche Konsequenzen hätte das für jene, die (negativ) von unseren entsprechenden Entscheidungen betroffen sind?

Psychologie-Professorin Patricia Devine schlägt in ihren Trainings zu Unconscious Bias, mit denen sie vorwiegend im Hochschulbereich mit dem Ziel der Erhöhung des Frauenanteils in der Lehre arbeitet, fünf spezifische Bewältigungsstrategien vor, mittels derer es den Teilnehmenden messbar gelingt, unbewusste Voreingenommenheiten zu reduzieren:

- das Ersetzen von Stereotypen, die auf Zuschreibungen basieren, durch konkrete, bewusste Beobachtungen (engl. *stereotype replacement*)
- das Verwenden von Bildern oder Narrativen, die ein Stereotyp bewusst ins Gegenteil verkehren (engl. *counter stereotyping*)
- die bewusste Individualisierung von Mitgliedern bestimmter Gruppen, die wir im Rahmen unbewusster Voreingenommenheiten nicht als Individuen, sondern eben als Teil dieser Gruppen wahrnehmen (engl. *individuation*)
- die Einnahme der Perspektive einer Person, über die wir als Ergebnis der Selbstreflexion erkannt haben, voreingenommen zu sein (engl. *perspective taking*)

- das bewusste Schaffen von Kontakt- und Beobachtungsmöglichkeiten mit den Gruppen, über die wir stereotypisch denken (engl. *intergroup contact*) [8]

Die Bewältigungsstrategien im Einzelnen

I. **Stereotype Replacement**

Bei dieser Bewältigungsstrategie geht es darum, bewusst eine stereotypische Zuschreibung durch eine nicht-stereotypische zu ersetzen. Voraussetzung dafür ist, sich die Zuschreibung, die man unbewusst gemacht hat, erst einmal aktiv bewusst zu machen und anzuerkennen, dass es sich um eine Stereotypisierung handelt. Diese Vorgehensweise kann sehr hilfreich in Situationen sein, in denen stereotypische Zuschreibungen zu emotionalen Befindlichkeiten in bestimmten Situationen führen, beispielsweise wenn man als weibliche Person vor einer reinen Männergruppe eine wichtige Präsentation halten soll. Eine stereotypische Zuschreibung, die unbewusst stattfindet, kann hier beispielsweise sein, Sorge und Angst davor zu entwickeln, dass in dem Gremium ein rauer Umgangston herrschen wird. Das Gefühl der Verunsicherung kann nachlassen und eine entspanntere Grundhaltung möglich sein, wenn sich die betreffende Person vor Augen führt, dass ihr Urteil auf Stereotypen beruht und es genauso gut sein kann, dass die Gruppe ihr wohlgesonnen ist und sehr respektvoll mit ihr umgehen wird.

II. **Counter Stereotyping**

Eine nachgewiesenermaßen sehr wirksame Bewältigungsstrategie für den Umgang mit unbewussten Voreingenommenheiten, Stereotypen und Vorurteilen ist das sogenannte *Counter Stereotyping,* also die bewusste gedankliche Umkehr eines Stereotyps ins Gegenteil. Bei dieser Strategie nutzt man bewusst Bilder und Narrative/Geschichten, die dem Stereotyp diametral entgegengesetzt stehen. In einem Experiment, das in Verbindung mit dem bereits erwähnten *Implicit Association Test (IAT)* durchgeführt wurde, gaben Forscherinnen den Proband*innen die Aufgabe, sich fünf Minuten eine starke Frau vorzustellen, bevor sie den Test durchführten. Diese Vorgehensweise führte im Ergebnis zu einer stark reduzierten

Beeinflussung durch Vorurteile gegenüber Vergleichsgruppen, die die Strategie nicht angewendet hatten. In Organisationen kann diese Strategie beispielsweise in der internen und externen Kommunikation durch die bewusste Auswahl von Bildern, Erfolgsgeschichten und Repräsentationen eingesetzt werden, etwa indem man bei der Besetzung von Positionen oder der Zusammenstellung von (Projekt-)Teams besonderes Augenmerk auf Diversität legt und dies auch entsprechend betont. In Programmen der Personalentwicklung können Rollenvorbilder genutzt werden, die bewusst nicht dem Mainstream entsprechen.

III. **Individuation**
In Abschn. 1.5 habe ich beschrieben, dass wir im Rahmen der Biases, die im Bereich In-group vs. Out-group auftreten, dazu neigen, Out-groups als homogene Masse zu sehen, anstatt als Zusammenschluss vieler durchaus unterschiedlicher Individuen. Wenn wir an Out-groups denken, denken wir sie häufig als homogen und schreiben damit den Einzelpersonen innerhalb dieser Gruppen automatisch die Merkmale zu, die wir der Gruppe als solcher zuschreiben. Dieser Effekt lässt sich reduzieren, indem man bewusst auf die Einzelperson schaut und jede Zuschreibung aufmerksam überprüft: Ist diese Person wirklich automatisch muslimischen Glaubens, nur weil sie einen arabisch klingenden Namen trägt? Trinkt eine Person automatisch regelmäßig an den Wochenenden viel Alkohol, nur weil sie sich für Fußball interessiert? Ist eine Person automatisch schlecht in Mathe, nur weil sie weiblich ist – oder gut in Mathe, weil sie männlich ist?

IV. **Perspective Taking**
Bei dieser Bewältigungsstrategie nimmt man, wie der Titel schon sagt, die Perspektive derer ein, die zur Out group gehören. Das klingt einfacher, als es ist, denn häufig haben unsere Vorurteile ja genau damit zu tun, dass wir keine konkreten Informationen darüber haben, wie sich bestimmte Sachverhalte aus der Perspektive Anderer darstellen. Allerdings macht es bereits einen Unterschied, bewusste (vs. unbewusste) Annahmen darüber zu treffen, wie unterschiedlich die Welt aussehen kann, wenn wir unsere gewohnte

Perspektive verlassen. Hilfreich ist hier insbesondere, sich die eigenen Privilegien einmal vor Augen zu führen, also der Frage nachzugehen, welche Vorteile man im Leben genießt, ohne dass man sie bewusst einsetzen muss. Ein Beispiel könnte sein, sich als Mann bewusst zu machen, mit welchen Zuschreibungen man in Rekrutierungsprozessen möglicherweise noch nie konfrontiert war, eben weil man ein Mann ist, oder sich vorzustellen, wie anders Rekrutierungsprozesse möglicherweise ablaufen, wenn man einen arabisch klingenden Namen hätte oder eine körperliche Behinderung, die es einem in manchen Situationen vielleicht nicht einmal ermöglicht, den Ort des Vorstellungsgesprächs barrierefrei zu erreichen.

V. **Intergroup Contact**
Um die Auswirkungen von *Identity Bias, Affinity Bias, Confirmation Bias* und *Attribution Bias* im Rahmen von Ingroup vs. Outgroup (vgl. Abschn. 1.5) zu reduzieren, empfiehlt es sich, bewusst Gelegenheiten zu schaffen, in denen direkter Kontakt und damit die Möglichkeit des direkten Beobachtens und Erlebens von Outgroups, also Gruppen, denen man selbst nicht angehört, möglich wird. Mittels der bewussten Aufmerksamkeitsfokussierung auf die Beobachtung und die Aufnahme von Informationen, die eben nicht bestätigen, was man zuvor schon glaubte zu wissen (und was möglicherweise eher unbewusste Voreingenommenheiten, Stereotypen oder Vorurteile waren), gelingt es so, Unterschiede bewusst wahrzunehmen und zu lernen. So können Annahmen, die zuvor unbewusst waren, bewusst fokussiert und auf den Prüfstand gestellt sowie schließlich ggf. verworfen und durch neue Erkenntnisse ersetzt werden.

2.5 Eine alternative Entscheidung treffen (E)

Schritt 4: Den Prozess anpassen und zu einem alternativen Entscheidungsergebnis kommen
Im vorletzten Schritt (vgl. Abb. 2.5) gilt es, nun bewusst und explizit zu überlegen, welche Anpassungen wir im Entscheidungsprozess vor-

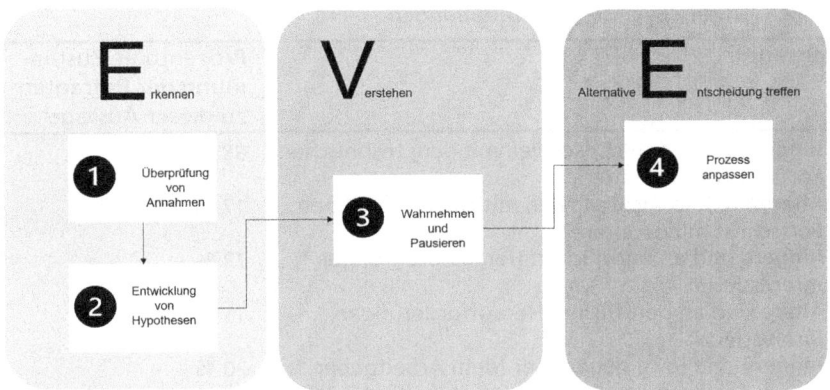

Abb. 2.5 Schritt 4 des EVE-Modells

nehmen und zu welchem alternativen Entscheidungsergebnis wir dadurch kommen. Möglicherweise hat sich der Entscheidungsprozess an einigen Stellen durch die bewusste Reflexion verändert, möglicherweise sind Schritte gleich geblieben, wir haben aber expliziter formuliert, auf welcher Grundlage wir die Entscheidung treffen wollen, was also unsere Entscheidungskriterien sind. Gerade wenn es, wie in unserem Beispiel oben, um personelle Auswahlentscheidungen geht, kann deren „Genauigkeit […] dadurch erhöht werden, dass die Ergebnisse einer kontrollierenden Instanz detailliert erläutert und belegt werden müssen". Ebenfalls in diesem Kontext ist hilfreich, sich bestimmte Formen von Bias genauer anzuschauen und Entscheidungsprozesse daraufhin zu überprüfen, beispielsweise (vgl. Abschn. 2.4) Gender oder Alter inkl. entsprechender Zuschreibungen und Voreingenommenheiten. Eine Untersuchung der AOK Hessen zu altersspezifischen (vgl. Tab. 2.3) und altersneutralen Zuschreibungen (vgl. Tab. 2.4) zeigt beispielhaft, welchen Voreingenommenheiten sowohl jüngere als auch ältere Mitarbeitende ausgesetzt sein können.

Tab. 2.3 Altersspezifische Zuschreibungen

Aussage	Prozentuale Zustimmung der Befragten zu dieser Aussage
„**Jüngeren** fällt es nicht schwer, mit dem technischen Fortschritt mitzuhalten."	88 %
„**Älteren** fällt es nicht schwer, mit dem technischen Fortschritt mitzuhalten."	17 %
„**Jüngere** sind an beruflichen Herausforderungen interessiert."	73 %
„**Ältere** sind an beruflichen Herausforderungen interessiert."	15 %
„**Jüngere** sind loyal gegenüber [dem Arbeitgeber]"	20 %
„**Ältere** sind loyal gegenüber [dem Arbeitgeber]"	85 %
„**Jüngere** sind zuverlässig"	48 %
„**Ältere** sind zuverlässig"	79 %

Quelle: Eigene Darstellung [9]

Die Ergebnisse des Fragebogens weisen darauf hin, dass älteren Mitarbeitenden eher Loyalität und Zuverlässigkeit, ggf. in Verbindung mit ihrer langjährigen Erfahrung und/oder Unternehmenszugehörigkeit zugeschrieben werden, während jüngeren Mitarbeitenden eher Karriereambitionen und technische Affinität zugeschrieben werden. Die Prozentzahlen geben hierbei die Summe aus den Antwortmöglichkeiten „trifft eher zu" und „trifft völlig zu" wieder.

Tab. 2.4 zeigt, dass die Themenbereiche Kooperation und Verantwortungsübernahme in der vorliegenden Befragung eher altersneutral zugeschrieben werden.

> *Voreingenommenheiten zeigen sich in Auswahlprozessen nicht nur bei den Entscheider*innen, sondern auch schon bei der Selbsteinschätzung und Selbstwirksamkeitserwartung der Kandidat*innen.*

Ebenfalls für Auswahlentscheidungen und entsprechende Voreingenommenheiten im Prozess können genderspezifische Zuschreibungen sein, beispielsweise zum Thema Führung. Zwar zeigt eine Studie von Zenger und Folkman, dass „women are perceived by their

Tab. 2.4 Altersneutrale Zuschreibungen

Aussage	Prozentuale Zustimmung der Befragten zu dieser Aussage
„Jüngere sind bei der Arbeit kooperativ."	64 %
„Ältere sind bei der Arbeit kooperativ."	61 %
„Jüngere übernehmen gerne verantwortungsvolle Aufgaben."	53 %
„Ältere übernehmen gerne verantwortungsvolle Aufgaben."	45 %
„Jüngere haben oft sehr gute Arbeitsergebnisse."	45 %
„Ältere haben oft sehr gute Arbeitsergebnisse."	47 %

Quelle: Eigene Darstellung [9]

managers – particularly by their male managers – to be slightly more effective than men at every hierarchical level and in virtually every functional area of the organization" [10]. Dennoch schlägt bei der Besetzung von Führungspositionen, insbesondere wenn das Entscheidungsgremium (beispielsweise für Positionen im Top-Management) vorwiegend männlich besetzt ist, nach wie vor häufig die genderspezifische Zuschreibung von Eigenschaften zu. Beispielsweise werden manche Führungsfertigkeiten eher männlich konnotiert und andere eher weiblich. Die Abb. 2.6 zeigt eine beispielhafte stereotype Einteilung aufgrund häufiger Zuschreibungen.

Die Auswertung tausender 360-Grad-Feedbackergebnisse, die Zenger/Folkman vorgenommen haben (vgl. Tab. 2.5), zeigt jedoch einen deutlichen Unterschied zwischen stereotypischer Zuschreibung und tatsächlicher Performance männlicher und weiblicher Führungskräfte: Die größte prozentuale Differenz in den Führungsfertigkeiten, die besonders effektive Führungskräfte ausmachen, liegt bei 7,4 – zugunsten der weiblichen Führungskräfte. Die nachfolgende Tabelle zeigt einen Ausschnitt aus den Ergebnissen.

Voreingenommenheiten zeigen sich jedoch in Auswahlprozessen nicht nur bei den Entscheider*innen, sondern auch schon bei der Selbsteinschätzung und Selbstwirksamkeitserwartung der Kandidat*innen und somit potenziell auch innerhalb des Bewerbungsprozesses:

C. Salowski

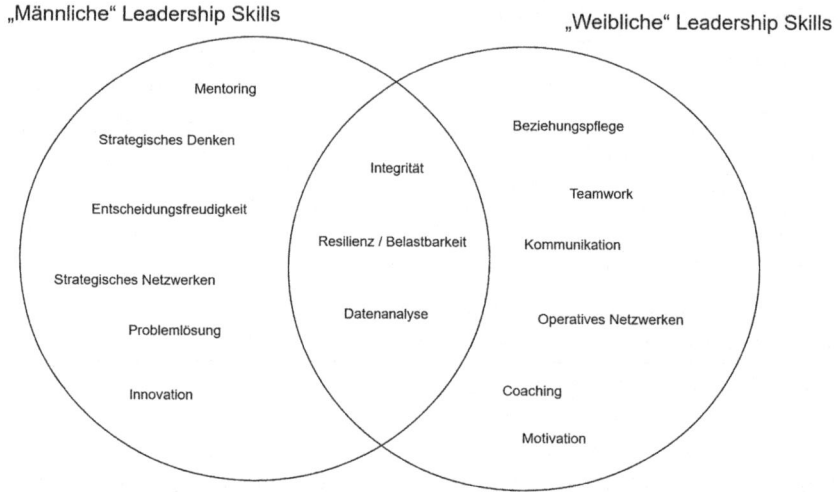

Abb. 2.6 Genderspezifische Leadership Skills

Tab. 2.5 360-Grad-Feedbackergebnisse von Führungskräften

Führungsfertigkeit	Perzentil weibl. Führungskräfte	Perzentil männl. Führungskräfte
Ergreift die Initiative	55,6	48,2
Strebt nach Ergebnissen	53,9	48,8
Demonstriert ein hohes Maß an Integrität und Ehrlichkeit	54,0	49,1
Entwickelt andere	54,1	49,8
Inspiriert und motiviert andere	53,9	49,7
Baut Beziehungen auf	53,2	49,9
Setzt herausfordernde Ziele	52,6	49,7
Zusammenarbeit und Teamwork	52,6	50,2
Kommuniziert kraftvoll und produktiv	51,8	50,7
Entwickelt strategische Perspektiven	50,1	51,4

Quelle: Eigene Darstellung und Übersetzung ins Deutsche basierend auf [10]

„Eine mögliche Übergeneralisierung könnte darin bestehen, dass das stärkere selbstkritische Hinterfragen weiblicher Führungskräfte ihnen im beruflichen Kontext als ‚geringeres Selbstbewusstsein' oder ‚weniger entschlossenes Verhalten' ausgelegt wird. Auch hier ist zu vermuten, dass sich dieser Unconscious Bias nicht nur auf die Beurteiler [sic!], sondern auch auf die Beurteilten selbst auswirkt." [11]

Hilfreich kann hier sein, innerhalb des Prozesses schon sehr früh anzusetzen und beispielsweise Stellenausschreibungen so genderneutral wie möglich zu formulieren (siehe hierzu auch das Praxisbeispiel in Abschn. 3.6, auch bezogen auf die Anforderungen an eine Position und die damit verbundenen Merkmale und Fertigkeiten. Außerdem hat sich als förderlich erwiesen, Möglichkeiten der Anonymisierung im Bewerbungsprozess anzubieten.

Schritt 5: Einen kontinuierlichen Reflexions- und Diskursprozess etablieren
So wie im Rahmen von Total Quality Management, Lean/Six Sigma und anderen Ansätzen zur Verbesserung von Prozessqualität ein kontinuierlicher Verbesserungsprozess in Organisationen etabliert wurde und wird, ist es auch bezogen auf mögliche Voreingenommenheiten innerhalb von Entscheidungsprozessen sinnvoll, einen kontinuierlichen Diskurs zu etablieren (vgl. Abb. 2.7).

In den Trainings, Workshops und Vorträgen, die ich in Organisationen zu *Diversity, Inclusion & Belonging* im Allgemeinen oder zu Themen wie Sexuelle/Sexualisierte Belästigung am Arbeitsplatz im Besonderen halte, ist mir ein mitlaufender roter Faden immer besonders wichtig: Veränderung der Bedingungen und die (sukzessive) Schaffung von diskriminierungsfreien Räumen gelingt nach meiner Erfahrung dann am besten, wenn das Team, die Abteilung, die gesamte Organisation es schafft, das Sprechen über diesen Themenkomplex zu enttabuisieren. Oft erlebe ich, dass manche Teilnehmende zu Beginn der Veranstaltung noch entlang des beschriebenen Phänomens *gender fatigue* unterwegs sind und finden, dass das Thema zwar wichtig sei, innerhalb der Organisation jedoch kein Bedarf bestünde, denn „soweit ich das beurteilen kann, gibt es so etwas bei uns nicht", also Diskriminierung, Grenzverletzungen, Übergriffe. In der Realität der Person, die da spricht, trifft das möglicherweise sogar zu, was aber auch daran liegen kann, dass diese Person eben nicht zu einer marginalisierten Gruppe gehört, dass diese Person sich ihrer Privilegien

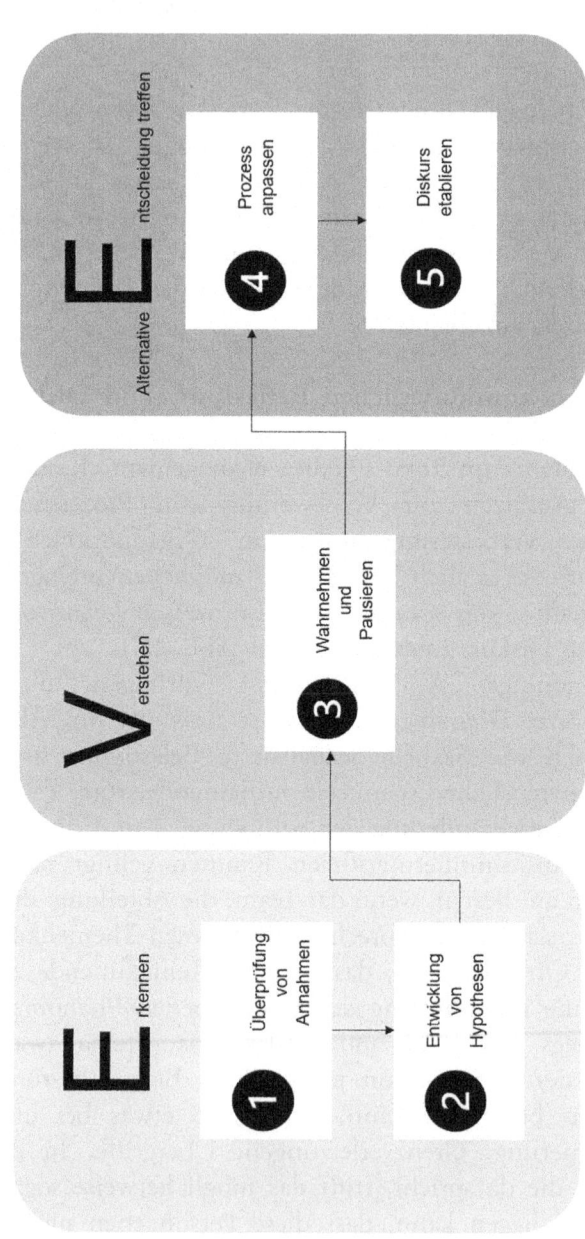

Abb. 2.7 Schritt 5 des EVE-Modells

möglicherweise nicht bewusst ist, sich noch nie damit auseinandergesetzt hat, und/oder – und das scheint sehr häufig der Fall zu sein – dass Diskriminierung oder Grenzverletzung in der Vorstellungswelt dieser Person erst bei entweder vehementen verbalen Angriffen oder körperlichen Übergriffen anfängt und die Person mit so etwas wie Mikroaggressionen einfach nicht vertraut ist.

> *Veränderung der Bedingungen und die (sukzessive) Schaffung von diskriminierungsfreien Räumen gelingt dann am besten, wenn das Team, die Abteilung, die gesamte Organisation es schafft, das Sprechen über diesen Themenkomplex zu enttabuisieren.*

Nachdem wir uns dann, beispielsweise in einem Training, das auch die Arbeit in Kleingruppen an Fallstudien beinhaltet, eine Weile recht intensiv dazu ausgetauscht haben und diese Personen von anderen Organisationsmitgliedern erfahren haben, dass diese durchaus Diskriminierung und Grenzverletzungen beobachten oder sogar direkt davon betroffen sind, ist in den meisten Fällen zu beobachten, dass die innere Haltung, die der Anfangsabwehr zugrunde liegt, eben nicht die eines Nicht-wissen-wollens ist, sondern in der Tat mit Unkenntnis, also mit Nicht-wahrgenommen-haben zu tun hat. Und bereits während der Veranstaltung bemerken nicht nur diese Personen, sondern auch die anderen Teilnehmenden, dass ein möglichst tabufreier Austausch über individuell unterschiedliche Grenzen und die Effekte, die deren Verletzung auf unterschiedliche Menschen in unterschiedlicher Weise hat, zu einer ersten kleinen Veränderung führt: Es wird nachvollziehbarer, dass unsere Grenzen sehr unterschiedlich sind und dass es überhaupt nicht hilfreich ist, eine allgemeingültige Entscheidung darüber treffen zu wollen, was „man denn noch darf", wie manchmal formuliert wird.

Gerade im Themenbereich der Sexuellen/Sexualisierten Belästigung am Arbeitsplatz wird manchmal der Ruf nach einheitlichen Regeln laut, was möglicherweise auch damit zu tun hat, dass Regelungen, die in anderen Ländern zu finden sind, für viele abschreckend sind – ich denke da an den angloamerikanischen Raum, insbesondere an die USA, wo es durchaus Regelungen in Organisationen gibt, die dazu führen, dass keine Mitarbeitendengespräche mehr unter vier Augen geführt werden sollen oder dürfen, dass ein Mann nicht mehr zu einer Frau in den Aufzug steigen darf oder sollte, dass gar partnerschaftliche Beziehungen innerhalb einer Organisation komplett verboten werden (in Deutschland kenne ich eher Beispiele dafür, dass Menschen in Organisationen angehalten sind, eine partnerschaftliche Beziehung innerhalb einer direkten Berichtslinie dem Arbeitgeber zur Kenntnis zu geben, sodass eine der Personen in einen anderen Verantwortungsbereich versetzt werden kann). Diese sollen der Vermeidung von Interessenskonflikten dienen.

Ein Schlüssel zur Enttabuisierung ist es meines Erachtens, sich auf eine gemeinsame und möglichst inklusive Sprache zu verständigen. Dazu gehört, dass ich vorschlage, nicht über Täter*innen und Opfer, sondern stattdessen über verursachende und betroffene Personen zu sprechen. Betroffen sein kann ich auch von etwas, von dem noch nicht feststeht, ob es justiziabel ist (oder das es möglicherweise auch nie wird), und von etwas betroffen sein klingt – jedenfalls in meinen Ohren, wie ist das bei Ihnen? – nicht so zugeschrieben passiv wie der Begriff des Opfers. Dieser Begriffsverwendung liegt überdies die innere Haltung zugrunde, dass Grenzverletzungen durchaus das Ergebnis von Interaktion sein können, ohne dass damit eine Schuldzuweisung verbunden ist. Von Schuld zu sprechen und in dieser Kategorisierung zu denken, mag bei der rechtlichen Bewertung einer Situation vonnöten sein, wenn es jedoch um die Enttabuisierung des Themas geht und um den Umgang mit Grenzverletzungen und Diskriminierung, hilft es eher, genau darüber in den Austausch zu gehen, was es bedeutet, wenn wir uns selbst dabei beobachten, uns die Frage zu stellen: Wer hätte sich wann wie anders verhalten sollen? Und: Dürfen wir das wirklich erwarten?

Ein Beispiel: Eine der Fallstudien, mit denen ich zum Thema Sexuelle/Sexualisierte Belästigung am Arbeitsplatz verdeutlichen will, wie komplex eine solche Situation sein kann, dreht sich um das Erzählen sexualisierter Witze in einer Kaffeeküche. An diesem zunächst sehr unterkomplex klingenden Beispiel kann man meiner Erfahrung nach sehr gut auseinandernehmen und durchdringen, wie neben der Person, die einen solchen Witz in einer solchen Situation erzählt, auch die Umstehenden zur Weiterführung der Situation beitragen, indem sie etwas tun oder nicht tun, beispielsweise über den Witz lachen oder nicht, ihn kommentieren oder nicht, weggehen oder nicht, etwas sagen oder nicht. Darüber hinaus kann man hier sehr gut in den Austausch darüber einsteigen, welche Auswirkungen es möglicherweise auf die Organisationskultur hätte, würde man entscheiden, das Erzählen sexualisierter Witze von vornherein zu verbieten – allen und in jeder Situation, die mit der Organisation zu tun hat. Selbstverständlich kann das eine Organisation tun – doch wozu führt das? Und wie wäre das, wenn es nicht um das Erzählen sexualisierter Witze ginge, sondern wenn ab morgen nicht mehr erlaubt wäre, dass Kolleg*innen sich zur Begrüßung, zum Abschied, zum Geburtstag oder anlässlich einer Beförderung oder eines Jubiläums zu umarmen? Was würde das hinsichtlich der Organisationskultur mitverändern, ohne dass diese Veränderung intendiert wäre? Kategorische Entscheidungen sind also gar nicht so folgenarm, besonders, wenn man sich im Kontext dessen, was wir bereits in Abschn. 1.2 betrachtet haben, bewusst macht, dass Systeme nicht linear-kausal reagieren (im Sinne von: Wenn ich auf diesen Knopf drücke, passiert als Folge immer jenes).

Ein weiterer, sehr bedeutsamer Aspekt ist die Frage, wen ich im Sinne der Enttabuisierung des Sprechens über Diskriminierung und Grenzverletzungen in welcher Situation wie anspreche. Dazu eine Hintergrundinformation zum Thema Tokenismus, die besonders in Organisationen hilfreich sein kann, in denen die Auseinandersetzung mit Diskriminierung noch am Anfang steht. In Kenntnis dessen lässt sich weitgehend vermeiden, Menschen mit Kommunikationswünschen über Diskriminierung (erneut) zu diskriminieren oder gar zu retraumatisieren.

Hintergrund: Tokenism (Tokenismus)
Um nicht zu riskieren, mit einem offenen Diskurs über potenzielle Voreingenommenheiten und Vorurteile denen, die davon betroffen sein könnten, erst recht vor den Kopf zu stoßen, ist hilfreich, sich mit dem Konzept des *Tokenism* (am ehesten zu übersetzen mit Stellvertreter*innenschaft) auseinanderzusetzen. Damit wird das Phänomen bezeichnet, dass Personen, die Vertreter*innen einer (oder mehrerer, siehe Intersektionalität) Minderheiten sind

oder als solche gelesen werden, als vermeintliche Stellvertreter*innen für diese Minderheit befragt werden und sprechen sollen – nicht als die Individuen, die sie sind. Beispielsweise ist das zu beobachten, wenn in einem geschäftlichen Meeting eine Situation auftritt, die als genderdiskriminierend gegenüber einer anwesenden Frau verstanden werden kann und diese Frau nun gefragt wird, wie sie „als Frau" das bewertet. Hier wird die Person auf ihre Eigenschaft als Frau reduziert, sie wird nicht als gesamthafte Person und Individuum befragt, sondern sie wird eingeladen und aufgefordert, stellvertretend für die Gruppe aller Frauen zu sprechen. Weder ist sie dazu in der Lage – wie sollte sie? – noch ist es für den Platz, den sie innerhalb der Gruppe einnimmt, förderlich, wenn sie so reduziert wahrgenommen wird.

Unter dem Begriff werden auch Situationen gefasst, in denen Personen in ihrer Funktion als Mitglieder einer Minderheit oder einer marginalisierten Gruppe besondere Vorteile erhalten (positive Diskriminierung), damit im Sinne eines Feigenblatts sich die Entscheider*innen dann vom potenziellen Vorwurf der Diskriminierung freisprechen können.

2.6 Anwendungsgebiete

Um konkrete Anhaltspunkte dazu zu liefern, wie die Anwendung des EVE-Modells sich gestalten kann, finden sich nachfolgend Beispiele im Rahmen verschiedener Kontexte, in denen *Unconscious Biases* in Organisationen zu Entscheidungen führen können, die sich negativ auswirken. Es wurden die Kontexte ausgewählt, die nach meiner Praxiserfahrung in den meisten Organisationen eine Rolle spielen: Gender und Alter. Im Bereich rassistischer Vorurteile gibt es gerade in letzter Zeit einige sehr umfassenden Veröffentlichungen, auf die hier über einen kurz gefassten Blick hinaus verwiesen sei (vgl. z. B. [12] und [13]). Da zwei weitere Kontexte, nämlich die Diskriminierung aufgrund einer zugeschriebenen oder tatsächlichen Behinderung oder Beeinträchtigung sowie die Diskriminierung aufgrund der (zugeschriebenen) sozialen Klasse besonders selten im Fokus von Organisationen stehen und Klassismus nicht einmal innerhalb der rechtlichen Grundlage des Allgemeinen Gleichbehandlungsgesetzes (AGG) Berücksichtigung findet, gebe ich beiden hier ebenfalls Raum.

2.6.1 Gender Bias – Voreingenommenheiten aufgrund des sozialen Geschlechts

„Geschlecht ist der unbemerkte Hintergrund des Arbeitslebens." [14]

In der 2018 erschienenen Studie „Delivering Through Diversity" stellt McKinsey fest, dass trotz der inzwischen ja vielfach kommunizierten Tatsache, dass Organisationen in ihrer finanziellen Performance von Diversity (insbesondere von *gender diversity* und *intercultural diversity*) profitieren, der entsprechende Fortschritt noch sehr langsam vor sich geht. Zu ihren zentralen Erkenntnissen in dieser Studie zählt, dass vor allem der Bereich des Top-Managements eine entscheidende Rolle spielt:

„Companies in the top-quartile for gender diversity on executive teams were 21 % more likely to outperform on profitability and 27 % more likely to have superior value creation. The highest-performing companies on both profitability and diversity had more women in line (i. e., typically revenue-generating) roles than in staff roles on their executive teams." [15]

Dem ist hinzuzufügen, dass im Sinne des *Counter Stereotyping* als Bewältigungsstrategie in Organisationen, in denen zentrale Positionen im Top-Management weiblich besetzt sind, durch die so geschaffenen Rollenvorbilder eine verbesserte Grundlage für die Karriereentwicklung von Frauen und die Teilhabe von Frauen in Führungspositionen erreicht werden kann. Nach wie vor sind viele Frauen in Führungspositionen verunsichert, wie sie sich verhalten, wie authentisch (weiblich) sie sich zeigen dürfen, und/oder sie orientieren sich vornehmlich an männlichen Vorbildern, weil wenige oder gar keine weiblichen Rollenvorbilder zur Verfügung stehen.

Die größten Hürden für Organisationen scheinen neben der Tatsache, dass Diversität in den Führungsebenen noch unterrepräsentiert ist, auch im Verständnis der Organisationen dafür zu liegen, in welchen Bereichen genau sie am meisten von welcher Form von Diversität profitieren würden, sowie in der Frage, wie es ihnen gelingen kann, die Organisationskultur dahingehend zu verändern, dass Diversität fester

Bestandteil wird. Insbesondere die letzte Hürde ruft nach einem ganzheitlichen Organisationsentwicklungsansatz, wie ich ihn in Kap. 3 vorschlage.

> Wenn in Organisationen mehr Top-Management-Positionen mit Frauen* besetzt werden, liefert das allen anderen Frauen* in der Organisation neue, für sie anschlussfähigere Rollenvorbilder.

Gleichzeitig finden sich insbesondere bei Ansätzen zur Bewältigung des *gender bias* auch Zuschreibungen, die gut gemeint, in sich jedoch ebenfalls *biased* sind. So ist nicht selten zu beobachten, dass Teil von Frauenförderprogrammen der Aspekt der Vereinbarkeit von Beruf und Familie ist. Dies ist sicher ein wichtiger Faktor; ihn jedoch nur oder in der Hauptsache Frauen zuzuschreiben, kann den *gender bias* noch verfestigen. Nach wie vor kommt es in Organisationen häufig zu Irritationen, wenn Männer im Rahmen der Balance zwischen Beruf und Familienleben nach Elternzeit fragen oder während und nach der Elternzeit eine Führungsaufgabe innehaben. Immer mehr Organisationen setzen sich jedoch auch mit diesem Aspekt der *gender balance* auseinander. Beispielsweise können Mitarbeitende eines Telekommunikationsunternehmens ihre Arbeitszeit nach der Rückkehr aus der Elternzeit für die Dauer von sechs Monaten bei gleichbleibendem Gehalt um 25 % reduzieren, sofern sie nach Abzug dieser 25 % mindestens fünfzehn Stunden pro Woche arbeiten. „Väter", so heißt es auf der Praxisbeispiel-Beschreibung der Charta der Vielfalt, „profitieren von diesem Angebot, wenn sie innerhalb des ersten Lebensjahres des Kindes mindestens 14 Wochen Elternzeit ohne Teilzeit nehmen" [16] – eine explizite Förderung der Elternzeit von Vätern also. Darüber hinaus ist zu hinterfragen, ob die explizite Fokussierung auf die Vereinbarkeit von Beruf und Familie nicht jene ausschließt und benachteiligt, die sich entscheiden oder damit konfrontiert sind, keine Familie gründen zu wollen oder zu können. Es kann also innerhalb dieses Komplexes diskriminierungsfreier und diverser sein, über die Vereinbarkeit von Privatleben und Beruf zu sprechen.

Im Rahmen der sogenannten „Heidi-Howard-Studie" stellte Iris Bohnet [17] fest, dass bei exakt gleichen Voraussetzungen Frauen bei der Bewerbung für eine Position weniger Kompetenz zugeschrieben wird als männlichen Kandidaten:

„Die Studierenden sollten sich mit der Fallstudie befassen und dann die Frage beantworten, wie sie Howards Leistung bewerteten. Sie stuften ihn als überaus kompetent und effizient ein. Sie sagten auch, dass er ihnen gefalle und dass sie ihn gerne einstellen oder mit ihm zusammenarbeiten wollten. Die Sache ist bloß, dass es Howard gar nicht gibt. Howard heißt in Wirklichkeit Heidi und ist eine Frau. Wenn die Studierenden die absolut identische Fallstudie vor sich haben mit einer weiblichen Protagonistin, finden sie Heidi ebenso kompetent und effizient wie Howard, aber die erfolgreiche Unternehmerin und Risikokapitalgeberin Heidi gefällt ihnen nicht mehr, und sie möchten nicht mit ihr zusammenarbeiten. [18]

Bohnet und ihr Team stellten also unter anderem fest, dass, je kompetenter eine Frau für eine bestimmte Position eingeschätzt wird, sie desto weniger sympathisch auf die Einschätzenden wirkt. Dies war beim männlichen Probanden Howard nicht festzustellen, hier verhielt sich die Bewertung der Sympathie analog zur Bewertung der Kompetenz. Ursprünglich hatten Bohnet und eine Kollegin die Heidi-Fallstudie entwickelt, um mit den Studierenden anhand dieses Beispiels zum Thema professionelles Netzwerken ins Gespräch zu kommen. Einige Jahre später begegnete ihr „Heidi" wieder, als sie entdeckte, dass zwei Professoren die Fallstudie gemeinsam mit einer bis auf den Namen exakt gleichlautenden Fallstudie über „Howard" an je zwei Gruppen von Studierenden verteilten, sodass sie die unbewussten Verzerrungen und Voreingenommenheiten der Gruppen in der Bearbeitung der Fallstudien miteinander vergleichen konnten.

Durch die herausragende Arbeit der Autorin und Journalistin Caroline Criado-Perez, die inzwischen in unzählige Sprachen übersetzt wurde, wissen wir, wie umfassend der *gender bias* unser Leben prägt. Im Klappentext zu ihrem Buch *Unsichtbare Frauen* heißt es: „Frauen werden nicht gesehen, weil Daten über Männer den Großteil unseres Wissens ausmachen." [19] Ob in der Medizin (Herzinfarkte bei Frauen werden deutlich seltener korrekt behandelt, weil die Symptomatik sich von denen männlicher Patienten unterscheidet) oder in anderen

Bereichen: erhobene Daten sind zum überwiegenden Teil männliche Daten. Die Forschung im Bereich kardiovaskulärer Erkrankungen wird bis heute vorwiegend an männlichen Probanden durchgeführt, nur etwa ein Viertel der bedeutsamen Studien beinhalten Forschung an Frauen. Auch im Bereich des Produktdesigns ist der Standard-Anwender, von dem in der Entwicklung ausgegangen wird, männlich. Das klassische Smartphone passt hervorragend in Männerhände, ist für deutlich kleinere Frauenhände jedoch oft nur sehr schwer mit nur einer Hand zu halten oder zu bedienen. Und das, obwohl Studien zeigen, dass mehr Frauen als Männer beispielsweise ein iPhone besitzen [20]. Der Ungleichbehandlung am Arbeitsplatz hat Criado-Perez in ihrem Buch ein ganzes Kapitel gewidmet. Ein ganz zentraler Gedanke ist dabei, dass wir nach wie vor in der öffentlichen Kommunikation und Debatte nur dann von Arbeit sprechen oder schreiben, wenn wir Erwerbsarbeit meinen. Denn auch Personen, die, wie landläufig ja nach wie vor häufig formuliert wird, „nur" in Teilzeit arbeiten oder sich „nur" um die Versorgung der Kinder oder pflegebedürftiger Personen kümmern, arbeiten ja – sie werden „nur" nicht dafür bezahlt. Auch wenn es um Klassismus geht (vgl. Abschn. 2.6.4), ist die Unterscheidung zwischen Arbeitslosigkeit und Erwerbslosigkeit von großer Bedeutung, denn es kann bereits als Diskriminierung empfunden werden, eine Person, die geringfügig oder ehrenamtlich beschäftigt ist, als arbeitslos zu bezeichnen – sie arbeitet ja. Wenn wir auf den Bereich Care-Arbeit oder, so der eingedeutschte Begriff, Sorgearbeit schauen, ist festzustellen, dass weltweit rund 75 % dieser Arbeit von Frauen erbracht wird [21]. Daran hat auch die Corona-Pandemie Anteil, denn es waren am häufigsten Frauen, die Arbeitszeit reduzierten oder gar ihre Anstellung aufgaben oder aufgeben mussten, wie u. a. Jutta Allmendinger in ihrer Streitschrift *Es geht nur gemeinsam* feststellt. Criado-Perez schreibt:

> „Da immer mehr Frauen berufstätig sind, Männer aber nicht entsprechend mehr unbezahlte Arbeit erledigen, steigt die Gesamtarbeitszeit von Frauen an. Zahlreiche Studien aus den letzten 20 Jahren haben gezeigt, dass Frauen ungeachtet ihres Beitrags zum Haushaltseinkommen den Großteil der unbezahlten Arbeit erledigen." [22]

Vor diesem Hintergrund wird umso bedeutsamer, dass Organisationen sich mit dem Thema beschäftigen, und zwar nicht nur, indem sie über weitere Möglichkeiten nachdenken, Frauen in der Vereinbarung von Beruf und Sorgearbeit zu unterstützen, sondern indem sie das Umdenken forcieren. Je normaler es in Organisationen wird, dass auch Männer (mehrmonatige) Elternzeit nutzen, je normaler Teilzeit bei Vätern, genderdiverses Jobsharing, beispielsweise Tandems in Führungspositionen und ähnliche Konzepte werden, desto mehr Einfluss hat das entsprechende Angebot in Organisationen auch auf die Art und Weise, wie wir den *gender bias* als Gesellschaft bewusst in den Fokus nehmen und mit ihm umgehen lernen. Hinzu kommt die Frage des Frauenanteils in Führungspositionen ebenso wie der *gender pay gap*. Besonders erschreckend ist hier die Erkenntnis: Rechnet man die unbezahlte Sorgearbeit mit ein, verdienen Frauen heute im Schnitt nur rund die Hälfte dessen, was Männer verdienen! [23]

Die *gender roles theory*, u. a. beschrieben von Pragya Agarwal in ihrem Buch *Sway: Unravelling Unconscious Bias*, besagt, dass wenngleich Frauen nahezu die Hälfte der Mitarbeitenden einer Organisation ausmachen, die ihnen zugeschriebenen sozialen Rollen sich dennoch von denen der Männer in der Organisation unterscheiden, was als die strukturelle Grundbedingung verstanden werden kann, auf der genderbezogene Ungleichbehandlung dann stattfindet:

„In gender roles, there is a descriptive bias of ‚what is' and a prescriptive bias of ‚what should be'. According to the gender incongruency hypothesis, gender-based bias is created when the position and the perceived gender do not ‚fit'. Female leaders pay a price in terms of negative evaluations and harsher measures of assessment if they ‚trespass' and intrude on traditionally male domains and occupy male-dominated leadership positions, as they are seen as breaching expectancies and implicit beliefs that men should occupy powerful roles." [24]

Dass die Personalauswahl nach Leistung ein Mythos ist, habe ich an anderer Stelle in diesem Buch bereits erwähnt. Dennoch sei in diesem Zusammenhang noch das vielzitierte Beispiel genannt, das aus meiner

Sicht eindrücklich schildert, wie groß der Unterschied sein kann, wenn wir gezielt mit unseren unbewussten Verzerrungen und der Frage, wie diese unsere Entscheidungen beeinflussen können, umgehen. So führte die Einführung einer Trennwand beim Vorspielen von Musiker*innen für die New Yorker Philharmonie dazu, dass dort inzwischen der Frauenanteil rund 45 % beträgt. Doch damit bilde das Orchester nach wie vor weltweit die große Ausnahme, schreibt Criado-Perez:

> „Bei der großen Mehrheit der weltweiten Stellenbesetzungen ist die Auswahl nach Leistung nichts als ein Mythos. Dieser Mythos verstellt den Blick auf die institutionalisierte Bevorzugung *weißer* Männer. Und er ist leider bemerkenswert immun gegen die seit Jahrzehnten bekannten Fakten, die ihn als Fantasie entlarven. Wenn wir diesen Mythos abschaffen wollen, genügt die bloße Datenerhebung nicht." [25]

Sie genügt deswegen nicht, weil sich allein durch die Erhebung von Daten an den Entscheidungsprozessen nichts ändert. Ich erlebe das häufig in den Organisationen, die stark kennzahlengetrieben agieren. Sie erfassen Quoten, sie erheben durch Befragungen und Workshops möglicherweise auch Haltungen und Einstellungen sowie die Zufriedenheit von Mitarbeitenden im Allgemeinen und marginalisierten Gruppen im Besonderen, aber allein dadurch ändert sich nichts. Im Gegenteil: Immer wieder dieses Thema aufzugreifen, Fragen zu stellen, Daten zu erheben, strukturell dann aber in der Folge nichts zu verändern, kann auch zu einem Backlash und zur beschriebenen Müdigkeit bezogen auf dieses Thema führen (vgl. Abschn. 1.8). Deshalb ist so wichtig, dass Organisationen konsequent auf allen Interventionsebenen notwendige Veränderungen identifizieren und dann auch vornehmen.

Hintergrund: Mansplaining
„Wenn Männer mir die Welt erklären" – in ihrem Buch von 2017 erläutert Autorin Rebecca Solnit ein Phänomen, das unzähligen Frauen weltweit immer wieder begegnet: das sogenannte *mansplaining*. Damit sind Situationen gemeint, in denen ein Mann einer Frau einen Sachverhalt 1) ungefragt erklärt, in dem sie 2) selbst Expertise besitzt, was jedoch seitens des Mannes ignoriert, nicht zur Kenntnis genommen oder gar implizit in Abrede gestellt wird. Sie schreibt:

„Sicher, Menschen beiderlei Geschlechts tun sich bei gesellschaftlichen Anlässen hervor, indem sie über Belanglosigkeiten und Verschwörungstheorien schwadronieren, aber das durch und durch provokative Selbstvertrauen der vollkommen Unwissenden ist meiner Erfahrung nach geschlechtsspezifisch. Männer erklären mir die Welt, mir und anderen Frauen, ob sie nun wissen, wovon sie reden, oder nicht. Manche Männer jedenfalls. Jede Frau weiß, wovon ich spreche. Es ist jener Dünkel, der jede Frau auf jedem Gebiet ab und an das Leben schwer macht; der verhindert, dass Frauen ihre Meinung äußern oder, falls sie es doch wagen, dass sie gehört werden; der junge Frauen brutal zum Schweigen bringt, indem er ihnen, ähnlich wie Belästigungen auf der Straße, vermittelt, dass diese Welt nicht ihre ist. Er schult uns in Selbstzweifel und Selbstbeschränkung, während er zugleich das durch nichts gestützte überzogene Selbstvertrauen der Männer stärkt." [26]

In einer Befragung der Autorin Katharina Nocun auf Twitter im Februar 2022, was für die Mitlesenden und Mitdiskutierenden das absurdeste Beispiel von *mansplaining* gewesen sei, das sie erlebt hätten, antworteten weit mehr als tausend Frauen* mit ihren individuellen Erfahrungen. Darunter finden sich namhafte Autor*innen oder Journalist*innen ebenso wie Wissenschaftler*innen, die Fachbeiträge zu ihren jeweiligen Gebieten veröffentlicht haben und regelmäßig erleben, dass Männer ihnen exakt das Thema erklären, zu dem sie arbeiten, das ihr Spezialgebiet ist. Und zwar nicht, wie man(n) nun meinen könnte, in Unkenntnis dieser Tatsache. Es geschieht bei Lesungen, es geschieht bei Fachkonferenzen, es geschieht in Kontexten, an denen besagte Frauen ausdrücklich aufgrund ihrer ausgewiesenen Expertise teilnehmen – und dennoch meinen Männer, ihnen die Welt erklären zu müssen.

Das Phänomen macht jedoch nicht vor diesem speziellen Kontext halt, es findet ebenso statt, wenn eine Frau* ihr Auto in die Werkstatt bringt (ich habe das selbst viele Male erlebt, einmal sogar mit einem nachweislich kaputten Auspuff, der aber zunächst einmal milde lächelnd für ein Windgeräusch gehalten wurde, dem ich da wohl aufgesessen sei), wenn sie im Baumarkt einkaufen geht oder bei ähnlichen Alltagsanlässen. Und es geht hier nicht darum, dass Frau genauso wenig alles weiß oder alles kann wie Mann. Es geht darum, ungefragt und von oben herab Ratschläge zu erteilen, und das – möglicherweise unbewusst, keine Frage – aufgrund von Zuschreibungen, die mit dem Geschlecht des Gegenübers zu tun haben.

Ich erinnere mich noch gut an eine Situation in einem Führungstraining, die beispielhaft für viele andere stehen mag. Wir bearbeiteten im Rahmen einer kollegialen Beratung verschiedene von den Teilnehmenden eingebrachte Fälle, und eine männliche Führungskraft beschrieb eine Situation, mit der er innerhalb eines Projektes mit der Projektleiterin mehrfach gewesen sei. Nota bene: Die Führungskraft war zwar Führungskraft, in diesem Projekt war er jedoch der Projektleiterin unterstellt – und nicht andersherum. Er beschrieb mehrere Situationen, in denen er, wie er sagte, mit der Projektleiterin nicht weiterkam, sie treffe falsche Entscheidungen, sie müsse noch vieles lernen und ihr Zeitmanagement sei auch so ausbaufähig, dass er ihr schon mehrfach angeboten habe, ihr die effektivere Nutzung ihres Kalenders zu erklären. Wenn Sie, liebe Leserin, nun schon ein Schmunzeln auf dem Gesicht haben sollten, dann liegt das daran, dass Frauen*, denen ich von dieser Beispielsituation berichte, häufig schon nach wenigen Sätzen wissend nicken, weil sie eine Vielzahl solcher Beispiele aus eigener, teilweise sehr schmerzhafter Erfahrung kennen. Was an diesem Beispiel interessant war, ist, dass die männliche Führungskraft sich durchaus mit *mansplaining* auseinandersetzte, denn dieses Wort war in einer Auseinandersetzung zwischen den beiden schon einmal gefallen. Für ihn war jedoch sein Verhalten so normal, dass ihm gar nicht bewusst wurde, was er da tat, und überdies tat er es ja auch mit einer in seiner Wahrnehmung sehr positiven Absicht. Die Frage der Intention ist jedoch aus sehr gutem Grund schon in der rechtlichen Grundlage zum Kontext Diskriminierung als nicht relevant hinterlegt, das Allgemeine Gleichbehandlungsgesetz (AGG) spricht an dieser Stelle von unerwünschtem Verhalten als relevanten Kriterium dafür, ob eine Grenzverletzung vorliegt. Und unerwünscht kann eben auch ein Verhalten sein, das mit aus Sicht der verursachenden Person positiver Absicht geschieht.

Um den Umgang mit dem *gender bias* nachhaltig zu verändern, tun Organisationen gut daran, sich mit den in diesem Abschnitt beschriebenen Phänomenen zu beschäftigen, und zwar über das reine Beobachten und Erfassen von Kennzahlen hinaus. Eine erste Leitfrage dabei kann sein: Wie erreichen wir eine Mindestrepräsentanz von dreißig Prozent Frauen – idealerweise in allen Unternehmensbereichen, auf allen Ebenen, in allen Gremien? Das betrifft beispielsweise auch die Frage des gesamten Zyklus' von Organisationsmitgliedern von der Einstellung bis zum Verlassen der Organisation. Wie schaut es mit der Diversität (intersektional gedacht!) von Besetzungsgremien aus? Auf welcher Basis werden in der Organisation Beförderungsentscheidungen getroffen? Wie sind die Gremien besetzt, in denen beispielsweise Young Talents vor dem Management präsentieren, welche (möglichst diversen) Rollenvorbilder haben diese jungen Talente innerhalb der Organisation? Aber auch schon solche vermeintlich kleinteiligen Fragen wie: Wie gelingt es uns, dass alle in Meetings einen gleich großen Redeanteil haben und alle Meinungen gehört werden? Wie stellen wir sicher, dass sich nicht – um beim *gender bias* und *mansplaining* zu bleiben – Männer den größten Anteil an Redezeit nehmen, einfach weil sie gewohnt sind, dass man sich durchsetzen und laut sein muss, um Gehör zu finden, was dann aber dazu führt, dass Frauen, obwohl sie da sind, ihre Gedanken und Ideen irgendwann gar nicht mehr einbringen, weil sie es leid sind, unterbrochen und nicht gehört zu werden?

2.6.2 Age Bias – Voreingenommenheiten aufgrund des Alters

Das Phänomen des *ageism* bezeichnet negative Gedanken und Gefühle, die älteren Menschen entgegengebracht werden, sowie Handlungen, die – geleitet von diesen negativen Gedanken und Gefühlen – daraus resultieren. Basis dessen sind Zuschreibungen und Bewertungen, die aufgrund des Alters vorgenommen werden. So werden ältere Personen im Vergleich mit Jüngeren häufiger als gebrechlich und/oder gesundheitlich eingeschränkt, langsam, vergesslich, einsam und starrsinnig wahrgenommen [27].

Grundsätzlich unterscheidet sich das Merkmal Alter von allen anderen Merkmalen, aufgrund deren unbewusste Voreingenommenheiten auftreten können, und zwar insofern, als dass das Altern uns Menschen zu einhundert Prozent betrifft. Es ist lediglich eine Frage der Zeit, bis wir als Individuum in die Gruppe der Älteren eingeordnet werden, und jede*r von uns hat im Leben Zuschreibungen aufgrund des geringeren Alters erlebt. Beide Seiten können im Kontext des Arbeitslebens eine Rolle spielen – etwa wenn jüngeren Mitarbeitenden wenig zugetraut wird, sie nicht ernst genommen werden oder ihnen Positionen aufgrund mangelnder Erfahrung im Sinne der Anzahl an Lebensjahren versagt bleiben; oder wenn Älteren geringere Belastbarkeit oder geringere Motivation zugeschrieben wird und ihnen deshalb bestimmte Aufgaben oder Projekte gar nicht erst vorgeschlagen werden.

> Grundsätzlich unterscheidet sich das Merkmal Alter von allen anderen Merkmalen, aufgrund deren unbewusste Voreingenommenheiten auftreten können, und zwar insofern, als das Altern uns Menschen zu einhundert Prozent betrifft.

Ältere Mitarbeitende haben allein aufgrund der höheren Anzahl an Jahren, die sie potenziell in ihrer beruflichen Laufbahn schon hinter sich gebracht haben, an vielen Stellen Vorteile: Sie sind häufig aufgrund der längeren Zeit, die dafür zur Verfügung stand, besser ausgebildet und besser qualifiziert; sie sind in ihrer Persönlichkeitsentwicklung potenziell weiter, da sie wahrscheinlich häufiger Gelegenheit hatten, sich im Rahmen von Trainings und Coachings mit sich selbst und den eigenen Vorstellungen und Zielen auseinanderzusetzen; sie sind gelegentlich auch mit Blick auf ihre Lebensumstände im Vorteil, haben sich ggf. einen gewissen Lebensstandard sowie Rückhalt und Sicherheit erwirtschaften können, sodass Veränderungen sie nicht so massiv beeinflussen. Allerdings kann durch ein höheres Lebensalter Veränderung auch weniger willkommen sein, die betreffenden Personen sind ggf. weniger flexibel und mobil, weil sie sich bereits niedergelassen haben und beispielsweise nicht mehr oder nicht häufig den Arbeits- und Wohnort wechseln wollen.

Ein Kernproblem beim Blick auf Voreingenommenheiten gegenüber älteren Mitarbeitenden ist die Frage der Motivation. Nicht selten ist festzustellen, dass bei Auswahlentscheidungen im Rahmen der Karriereentwicklung Personen der Vorzug gegeben wird, die zwar nicht zu jung, aber eben auch nicht zu alt sind, da vermutet wird, dass ab einem gewissen Alter die Motivation nachließe und die Personen sozusagen schon mit einem Bein im Ruhestand seien. Das führt nicht selten dazu, dass ältere Mitarbeitende tatsächlich in die Resignation gehen, weil sie nicht mehr als vollwertige Arbeitskräfte wahrgenommen und immer wieder bei wichtigen Entscheidungen übergangen werden. „Die Angst des Chefs vor dem Ende" titel ein SPIEGEL-Artikel aus dem Sommer 2021, in dem es um Führungskräfte geht, die aussortiert werden, weil sie in die Jahre gekommen sind:

> „Für die Alten wird die Luft tatsächlich messbar dünner. Im männlich dominierten Aktienindex Dax, der die nach Börsenwert und Handelsvolumen größten deutschen Unternehmen abbildet, sinkt der Anteil der über 60-jährigen Manager, die sich früher als erfahrene Silberrücken noch lange an der Spitze halten konnten." [28]

Nicht erst seit Beginn der 2020er Jahre beschäftigen sich Organisationen mit der Frage, wie sie mit einer älteren und alternden Belegschaft bestmöglich umgehen können. Hier stellen sich gleich mehrere Fragen, beispielsweise die des Wissenstransfers. Nach meiner Beratungs- und auch meiner Erfahrung auf der Innenseite von Organisationen bietet es sich durchaus an, aus der sprichwörtlichen Not eine Tugend zu machen und Teams sowie Positionen bewusst altersdivers zu besetzen, sodass (zugeschriebene) Erfahrung auf der einen sowie (zugeschriebene) frische Ideen und Impulse auf der anderen Seite gemeinsam eingebracht werden können. Speziell beim Thema Digitalisierung – und hier hat die Corona-Pandemie, wie an vielen anderen Stellen auch, wie ein Brennglas gewirkt – ist *ageism* oft besonders deutlich spürbar, denn besonders Führungskräften Ü60 wird Kompetenz in diesem Bereich meist per se abgeschrieben, und zwar aufgrund ihres Alters. Überdies, so berichtet Christian Graz, Chefarzt der Psychosomatik einer Klinik im bereits genannten SPIEGEL-Artikel, fehle bei Männern oft die Sinnstiftung im privaten Umfeld, was den Ausstieg aus dem Beruf so schwierig für sie mache – sie hätten schlicht keinen Plan dafür, wie es nach einem Ausstieg weitergehen könne. Hier können Organisationen ganz gezielt von Diversität profitieren, indem sie diese Phase vor dem Ausstieg bestmöglich begleiten und Bedingungen schaffen, durch die die altersdiverse Zusammenarbeit und das Lernen voneinander bestmöglich unterstützt wird. Dazu gehört auch, mit Stereotypen und Vorurteilen zu brechen, indem die Organisation – einmal mehr – bewusste Auseinandersetzung mit ihnen fördert und Anlässe und Räume schafft, sich darüber auszutauschen und Mythen zu entzaubern.

> „In den meisten Unternehmen gibt es auch für die übrige Belegschaft [über die Führungskräfte hinaus, Anm. d. Verf.] keinen Plan für die späten Lebensdekaden. Gefördert werden meist jüngere Menschen. Wo gibt es High-Potential-Programme für über 60-Jährige? Oder auch nur für über 50-Jährige? Dabei wäre es fatal anzunehmen, dass Ältere keine Leistung mehr bringen wollen oder können." [29]

2.6.3 „Race" Bias – Voreingenommenheiten aufgrund der (zugeschriebenen) Herkunft oder der Hautfarbe

Vom *Othering*, dem Andersmachen, war bereits im Unterkapitel zur Sprache die Rede (vgl. Abschn. 1.13). In seinem Buch *Wozu Rassismus?* erläutert der promovierte Soziologe Aladin El-Mafaalani den „idealtypischen Dreiklang", dem rassistische Diskriminierungsprozesse folgen:

> „Es wird eine Differenz konstruiert und Menschen entsprechend dieser Differenz kategorisiert. [...] diese als *andersgeartet* Kategorisierten werden abgewertet, also als moralisch, kognitiv und anderweitig minderwertig in einem hierarchischen Gefüge positioniert; die Mitglieder dieser Gruppe werden nun ausgeschlossen, wobei dieses Ausschlussprinzip sich auf materielle Teilhabe sowie symbolische Anerkennung und soziale Zugehörigkeit beziehen kann." [30]

Sofern vorurteilsbezogenes Denken (noch) nicht zu diskriminierenden Handlungen führe, erläutert El-Mafaalani weiter, handle es sich eher um *biases*. Um als Diskriminierung gewertet zu werden, muss den Verzerrungen und Voreingenommenheiten also eine Handlung folgen, das gilt für alle Merkmale, aufgrund derer Personen potenziell diskriminiert werden. Eine solche Handlung liegt, wie wir in Abschn. 1.9 sowie Abschn. 1.10 und Abschn. 2.1 gesehen haben, auch dann schon vor, wenn es um Mikroagressionen, um sprachliche Unterscheidungen oder um Entscheidungen geht, bei denen Menschen aufgrund einer Voreingenommenheit benachteiligt oder bevorteilt werden. Im Kontext des „*race*" *bias* ist wichtig zu wissen, dass das Merkmal der sogenannten „Rasse" ein konstruiertes ist. El-Mafaalani definiert das wie folgt:

> „Diskriminierendes Verhalten, das sich auf kulturelle Merkmale (Religion, Nationalität, Ethnie) und/oder biologische Merkmale (Hautfarbe, Haarstruktur, Augenform) bezieht oder zurückführen lässt, wird als rassistisch klassifiziert." [31]

Damit verweist der Soziologe auf die Entstehungsgeschichte der „Rassen"-Ideologie, die in engem Zusammenhang mit der Kolonialisierung steht. „Rasse" ist ein Konzept, das von Unterdrückern entwickelt wurde, um Unterdrückung zu rechtfertigen, und das bis heute nicht nur im individuellen rassistischen Denken und Verhalten von Personen nachwirkt, sondern auch im strukturellen und institutionellen Rassismus, dort also, wo Menschen aufgrund der in der Definition genannten, ihnen zugeschriebenen Merkmale innerhalb der Gesellschaft oder innerhalb von Institutionen und Organisationen und deren Entscheidungsprozessen systematisch diskriminiert werden. Dabei kommt es, wie bei allen diskriminierenden Denk- und Verhaltensweisen, nicht auf die (vorhandene oder nicht vorhandene) Absicht des Verhaltens an, sondern auf die Wirkung und den Effekt, den dieses Verhalten für die betroffene(n) Person(en) hat.

In der deutschen Rechtsprechung ist dies bezogen auf Organisationen insbesondere im Rahmen des Allgemeinen Gleichbehandlungsgesetzes (AGG) berücksichtigt worden, das Organisationsmitglieder vor Diskriminierung am Arbeitsplatz schützen soll. Grundsätzlich hat der Gesetzgeber seinerzeit deshalb diesen besonderen Schutz am Arbeitsplatz in einen rechtlichen Rahmen gestellt, weil es Mitarbeitenden im Kontext ihres Arbeitsplatzes, den sie ja nicht so einfach verlassen können, nicht zuzumuten ist, Grenzverletzungen und Diskriminierung zu erfahren und nachteilig behandelt zu werden. (Eine

Besserbehandlung und Vorteilsnahme aufgrund bestimmter Merkmale ist übrigens auf derselben Basis zu sanktionieren.)

Was in den unterschiedlichsten Kontexten, in denen sich eine weiße Mehrheitsgesellschaft mit Rassismus auseinandersetzt, häufig zu beobachten ist, hat die amerikanische Soziologin Robin DiAngelo in ihrem Buch *White Fragility* erläutert:

> *„Weiße Fragilität* ist [...] ein wichtiges Konzept, das uns zu eingehenderem Nachdenken darüber anregt, wie weiße Menschen ihr Weißsein verstehen und wie abwehrend sie darauf reagieren, wenn sie dafür zur Rechenschaft gezogen werden, dass Weißsein viel zu lange unter dem Rassenradar geblieben ist." [32]

Als fragil bezeichnet DiAngelo hier die häufige, von Zerbrechlichkeit und Verletzlichkeit geprägte Reaktion weißer Menschen, die zu beobachten ist, wenn sie damit konfrontiert werden, dass sie, dass wir alle in einer von Rassismus geprägten und strukturell rassistischen Gesellschaft leben. Es gibt nämlich einen wichtigen Unterschied zwischen der Frage, ob eine Person als Rassist*in bezeichnet werden kann (davon nimmt sich die Mehrheitsgesellschaft ganz selbstverständlich aus und blickt allenfalls auf ein paar als extremistisch einzustufende Individuen oder Gruppen) oder ob nicht die strukturellen Bedingungen, in denen wir alle leben, per se von Rassismus geprägt sind. Das glauben Sie nicht, werte Lesende? Ein paar Beispiele:

- Wenn Sie überlegen, wie die Verteilung von Arbeit im Hotel gestaltet war, in dem Sie auf Ihrer letzten Dienstreise übernachtet haben, wie viele Schwarze Menschen und/oder People of Color haben an der Rezeption gearbeitet oder im Restaurant bedient und wie viele sind Ihnen aufgefallen, als sie beim Frühstück das Geschirr abgeräumt haben oder im Housekeeping Ihr Zimmer gereinigt haben? Wenn es ein etwas luxuriöseres Hotel war, wie war die Verteilung bei den Pagen, die die Gepäck aufs Zimmer gebracht haben?
- Wie viele Schwarze Menschen und/oder People of Color sind mit Ihnen gemeinsam zur Schule gegangen, mit wie vielen haben Sie

gemeinsam studiert, vielleicht gar promoviert? Wie war das ggf. unterschiedlich, wenn Sie in verschiedenen Ländern zur Schule gegangen sind oder studiert haben?
- Wenn Sie selbst oder Familienangehörige in letzter Zeit in einer Arztpraxis oder einem Krankenhaus in Deutschland behandelt werden mussten, wie hoch war der Anteil Schwarzer Menschen und/oder People of Color aufseiten der Ärzte*Ärztinnen und/oder des Pflegepersonals? Und wie – im Krankenhaus – bei den Personen, die die Zimmer und Flure reinigten?

> *Es kommt bei Rassismus, wie bei allen diskriminierenden Verhaltensweisen, nicht auf die Absicht des Verhaltens an, sondern auf dessen Wirkung.*

Eines der Beispiele, die ich oft in Trainings zum Thema *Unconscious Bias* erzähle und das meine eigenen Rassismen reflektiert, ist folgendes: Stellen Sie sich vor, ich bin abends nach dem Tag bei einem der Unternehmen, mit denen ich arbeite, vor Ort nun auf dem Weg zurück ins Hotel oder zum Restaurant oder von dort zurück. Ich bin alleine unterwegs, und es wird bereits dunkel. Ich weiß zwar, wo ich langgehen muss, vielleicht habe ich auch mein Smartphone mit aktiver Navigations-App in der Hand, ich lebe hier aber nicht und kenne die Stadt und ihre Einwohner*innen nicht besonders gut. Nun stellen Sie sich vor, auf meiner Straßenseite kommt mir auf dem Gehweg eine Gruppe Menschen entgegen. Vielleicht kann ich nur grob erkennen, wie diese Personen aussehen, vielleicht kann ich hören, dass sie sich in einer anderen Sprache als Deutsch unterhalten, vielleicht lachen sie und scherzen, vielleicht sind sie recht lautstark. Was glauben Sie, geht in dieser Situation *unbewusst* in mir vor? Mein Reptiliengehirn, also der Teil meines Gehirns, dessen Job es ist, mich vor potenzieller Gefahr zu warnen, schlägt möglicherweise Alarm. Es geht nun darum, das ist der Job des Reptiliengehirns, so schnell wie möglich zu entscheiden, ob Gefahr besteht und wie darauf am besten zu reagieren ist: mit Flucht, mit Kampf oder mit Totstellen. Soweit nachvollziehbar – aber jetzt denken

Sie mal darüber nach, wie oft meine Generation noch Kinderspiele wie „Wer hat Angst vorm Schwarzen Mann" auf dem Pausenhof gespielt hat und wie sich dieser Rassismus unreflektiert so tief eingegraben hat in meine Wahrnehmung, dass mein Reptiliengehirn die Situation möglicherweise sehr unterschiedlich bewertet, wenn entweder eine Gruppe weißer Frauen*, eine Gruppe Frauen* of Color, eine gendergemischte Gruppe von weißen Menschen, Schwarzen Menschen und People of Color oder eine Gruppe Schwarzer männlich gelesener Personen oder Männer* of Color auf diesem Bürgersteig geht und sich lautstark unterhält und lacht. Ja, es ist unbequem, sich darüber Gedanken zu machen. Ja, es mag ein erster Impuls sein zu behaupten, bei Ihnen sei das nicht so. Das macht ihn aber nicht weniger wahr und nicht weniger wichtig.

In meiner Arbeit erlebe ich häufig, dass Gruppen und ganze Organisationen, die als Grundannahme erst einmal postulieren, bei ihnen gäbe es keinen Rassismus (oder Sexismus oder andere Formen der Diskriminierung), in einem durchaus schmerzhaften und unbequemen Prozess die Augen aufgehen, wenn sie sich mit solchen Situationen und den eigenen Gedanken auseinandersetzen. Möglicherweise ging Ihnen, liebe*r Leser*in, das auch schon so, als Sie die ersten Seiten dieses Kapitels gelesen haben, auf denen es darum ging, sich der eigenen unbewussten Verzerrungen und Voreingenommenheiten bewusst zu werden und sich zu überlegen, wo diese möglicherweise in Stereotypen und Vorurteilen resultieren. Zu glauben, das mache vor Rassismus halt, ist leider sehr naiv. Wichtig ist stattdessen, wie es Tupoka Ogette in ihrer Arbeit und u. a. in ihren zwei zum Thema Rassismus erschienenen Büchern beschreibt, rassismuskritisches Leben zu lernen, sich auf deine Reise zu begeben, die eben nicht immer angenehm ist. Aber das ist sie für von Rassismus Betroffene noch viel weniger. Diversität zu propagieren und dann - siehe Tokenismus (vgl. Abschn. 2.5) - eher im Sinne einer Alibifunktion positiv zu diskriminieren, ist keine Lösung, sondern es verschlimmert die Bedingungen weiter, in denen wir in Organisationen tätig sind. Grundvoraussetzung für echte Diversität ist, sich damit auseinanderzusetzen, wodurch diese bisher verhindert wurde.

2.6.4 Ableismus – Diskriminierung aufgrund einer körperlichen Behinderung oder geistigen Beeinträchtigung

Ein weiteres unbequemes Thema ist die Diskriminierung aufgrund von körperlichen Behinderungen oder geistigen Beeinträchtigungen. Das fängt schon dort an, wo häufig (und einmal mehr) die Mehrheitsgesellschaft über Menschen mit Behinderung oder Beeinträchtigung spricht, schreibt und forscht, anstatt mindestens mit ihnen gemeinsam zu forschen, zu schreiben oder zu sprechen, sie aber jedenfalls für sich selbst sprechen zu lassen. Hierzu gibt es in der jüngeren Vergangenheit einige Initiativen, beispielsweise die Bemühungen, *disability studies* an Hochschulen konsequent zu etablieren oder Inklusion im Journalismus zu stärken (z. B. durch die Initiative „andererseits", bei der Menschen mit und ohne Behinderung gemeinsam Journalismus machen, also schreiben, fotografieren und recherchieren).

> *Ableismus bezeichnet die Reduktion von Menschen mit Behinderung oder Beeinträchtigung auf ebendiese, wobei mit der Reduktion auch eine Abwertung oder eine Aufwertung einhergeht.*

Der Begriff Ableismus setzt sich zusammen aus dem englischen Wort *(to be) able,* also fähig sein, und der Endung -ismus, die verwendet wird, wenn von einem in sich geschlossenen Gedankensystem gesprochen wird. Gemeint ist damit die Reduktion von Menschen mit Behinderung oder Beeinträchtigung auf ebendiese, wobei mit der Reduktion auch eine Abwertung oder eine Aufwertung einhergeht. Die Journalistin Rebecca Maskos beschreibt, der Mensch werde „reduziert auf und gemessen an seiner körperlichen und geistigen Verfassung: Sie bestimmt ihn als ganzen Menschen, ‚macht ihn aus'. In diesem Denken tun behinderte Menschen (…) immer etwas nur ‚trotz' oder ‚wegen' ihrer Behinderung" [33]. Die Broschüre der Interessenvertretung Selbstbestimmt Leben in Deutschland e. V. – ISL liefert hierzu ein Beispiel:

„Frau A. fährt nach der Arbeit mit dem Bus nach Hause. Der Busfahrer ist angesichts der Rollstuhlfahrerin, die in der Rushhour mitgenommen werden möchte, deutlich genervt und fragt: ‚Muss das denn sein, dass Sie um diese Zeit fahren?' Frau A. antwortet, es handele sich keineswegs um eine Kaffeefahrt, sondern der Bus solle sie von der Arbeit nach Hause bringen. Daraufhin schlägt die Ablehnung des Busfahrers in übertriebene Bewunderung um: ‚Oh, das ist gut, dass Sie Arbeit haben und arbeiten können!'" [34]

Dieses Beispiel erinnert mich an die zahlreichen Lernerfahrungen, die ich im Kontext von Behinderung und Beeinträchtigung bisher in meinem Leben habe machen dürfen. Beispielsweise bin ich in der Universitätsstadt Marburg aufgewachsen, zur Schule und zur Universität gegangen, in der Stadt Deutschlands, die vom Leiter der hiesigen Blindenstudienanstalt einmal als die „Hauptstadt der Blinden" bezeichnet wurde. Das ist in der Stadt an der Infrastruktur auch recht deutlich erkennbar, vieles ist auf Menschen mit Sehbehinderung oder Sehschwäche ausgerichtet. Was man in Marburg auch lernt, wenn man hilfsbereit sein will und beispielsweise Menschen, die sich möglicherweise nicht so gut auskennen, bei der Orientierung helfen will: Blinde einfach so am Arm zu fassen und ihnen irgendwo hin oder durch oder vorbei helfen zu wollen, ist gut gemeint, aber eben nicht immer gut gemacht. Das fängt schon bei der Berührung an, die schlicht und ergreifend – und im wahren Wortsinn – übergriffig ist. Oder würden Sie es toll finden, wenn eine wildfremde Person Sie einfach so anfasst? Außerdem ist überhaupt nicht gesagt, dass die Person Hilfe möchte. Ich habe das in einer sehr offenen und direkten Konfrontation mit einem sehbehinderten Kommilitonen während meines Studiums gelernt, der mir sehr unmissverständlich erklärt hat, was ich alles falsch machte. Und glücklicherweise habe ich meinen verletzten Stolz zurückstellen und interessiert zuhören können (sonst hätte ich nämlich weniger oder gar nichts gelernt). Darunter liegt wieder einmal eine gewisse Form von Zerbrechlichkeit, die beispielsweise auch der Aktivist Raúl Krauthausen jüngst in einer Podcastfolge von „anderssein", dem Podcast der Schauspielerin Minh -Khai Phan-Thi, ansprach, als er sagte, er sei durchaus in der Lage, um Menschen oder Dinge herumzufahren mit seinem Rollstuhl, dennoch sei ein Effekt, den er häufig beobachte, dass Passant*innen aufgeschreckt zur Seite sprängen, sobald sie ihn bemerkten.

Ein besonds perfider Vorwurf, der von Diskriminierung betroffenen Menschen häufig gemacht wird, ist auch im Rahmen von Ableismus gegenwärtig: Betroffene werden vom Diskurs ausgeschlossen mit der Begründung, sie seien gerade aufgrund ihrer Betroffenheit voreingenommen und könnten nicht „neutral" sprechen. Oder sie werden zwar geduldet, aber es wird für eine besondere Errungenschaft gehalten, dass solche Personen mitsprechen dürfen, was häufig zu einer Situation wie dieser führt:

„Ich erlebe es immer wieder, dass mein Engagement als behinderter Mensch geringschätzig betrachtet wird im Vergleich zum Engagement und vermeintlichen Know-how nichtbehinderter Personen. Besonders in der Parteipolitik erlebe ich es immer wieder, dass die Belange behinderter Menschen unter sozialen statt menschenrechtlichen Fragen abgetan werden. Damit hängt auch meine Erfahrung zusammen, dass ich ganz selbstverständlich unter der Prämisse, dass ich ehrenamtlich arbeite, für Vorträge, Gremienmitarbeit etc. angefragt werde, während nichtbehinderten Referent*innen von vornherein gute Honorare angeboten werden." [35]

Für Organisationen ergibt sich hier, gerade weil Ableismus außerhalb der Wissenschaft noch kaum auf dem Schirm ist, ein besonders wichtiger Auftrag. Zwar wird auch in Organisationen schon lange von Inklusion mit Blick auf Menschen mit Behinderung gesprochen, das erschöpft sich aber meist in der Frage, ob Zugänge zu Gebäuden barrierefrei sind, vielleicht noch in der Nutzung von Gebärdendolmetscher*innen bei Großveranstaltungen in Konzernen. Teilhabe lässt sich aber nicht auf die Beseitigung der gröbsten Hindernisse reduzieren. Wenn wir uns noch einmal an den Vergleich mit der Party erinnern: Es geht darum, dass alle so tanzen können, als schaute niemand zu – jede*r kann so sein, wie sie*er ist und stellt in dieser Authentizität und Ganzheitlichkeit ein wichtiges Element der Organisation dar. Das funktioniert im Bereich der Behinderung und

Beeinträchtigung nur, wenn auch hier Menschen, die von Behinderung und möglicherweise auch von Diskriminierung betroffen sind, Räume haben, in denen sie sich darüber austauschen können, außerdem Räume, in denen sie gehört werden und in denen Veränderungsbedarfe offen besprochen können und respektiert werden. Und dann geht es selbstverständlich um die Frage der Umsetzung, d. h. wie können Entscheidungsprozesse so gestaltet werden, dass sie immer auch die Belange und Bedürfnisse von Menschen mit Behinderung oder Beeinträchtigung berücksichtigen? Wie kann echte Teilhabe sichergestellt werden, u. a. indem Menschen mit Behinderung in allen Gremien vertreten sind, sodass nicht über sie sondern mit ihnen gesprochen und entschieden wird? Und was kann die Organisation an Wissen und an Austauschformaten bereitstellen, um über Behinderung und über Ableismus aufzuklären und – auch hier – die Kommunikation darüber zu enttabuisieren? Nachfolgend finden Sie zusätzlich, liebe*r Leser*in, noch einige Hinweise zum Thema Neurodiversität, denn auch dieses wird oft vergessen oder ist noch unbekannt. Zusammenfassend möchte ich noch einen Satz der kanadischen Autorin Amanda Leduc zitieren, der für jeden Aspekt von Vielfalt gilt, auch wenn sie ihn stellvertretend für Menschen mit Behinderung formuliert:

> „Behinderung ist keine monolithische Erfahrung – jede behinderte Person hat ihre eigene Geschichte, und wie wir uns in der Welt bewegen, ist ebenso vielfältig und komplex." [36]

Neurodiversität

Das ICD-10, die medizinische Klassifikationsliste der Weltgesundheitsorganisation (WHO), listet das sogenannte Asperger-Syndrom als Variante des Autismus und zählt das Syndrom sowie Autismus insgesamt zu den Störungen der neuronalen und mentalen Entwicklung. Seit den 2010er-Jahren werden jedoch neurobiologische Unterschiede u. a. dieses Spektrums, ausgehend von einem Symposium an der Syracuse University, unter dem Begriff Neurodiversität gefasst und als natürliche menschliche Unterschiede eingeordnet. Der Begriff Neurodiversität wird dabei auf alle Menschen angewendet, und es wird angenommen, dass manche Personen nicht neurotypisch seien und damit einer Minderheit (gegenüber der eben neurotypischen Mehrheit) angehörten.

Zu dieser nicht neurotypischen Minderheit zählen neben Personen mit Autismus oder Asperger-Syndrom beispielsweise auch Menschen mit Legasthenie, Dyskalulie oder Dyspraxie, also Rechtschreib-, Rechen- oder Koordinationsbesonderheiten.

Für Organisationen ist die Beschäftigung mit diesem Kontext auch deshalb so wichtig, weil in vielen Angeboten und Formaten, insbesondere in der Unternehmenskommunikation oder in der Personalentwicklung, diese Besonderheiten selten berücksichtigt werden. Organisationen können sich beispielsweise fragen, wie sie Kommunikation barrierefrei gestalten können, aber auch, wie sie es neurodiversen Personen erleichtern können, sich an mediengestütztem Austausch, beispielsweise im Intranet oder im unternehmensinternen Onlinenetzwerk, zu beteiligen, ohne sich wegen der Art, wie sie formulieren oder schreiben, ausgeschlossen oder diskriminiert fühlen oder dies befürchten zu müssen.

Im Bereich der Personalentwicklung, insbesondere bei Formaten mit hoher Anzahl an Teilnehmenden, kann es hilfreich sein, sich zu fragen, wie diese sowohl für eher extra- als auch für eher introvertierte Menschen gestalten werden können. Außerdem kann sehr unterschiedlich sein, wie lange Personen in der Lage sind, sich beispielsweise auf einen Vortrag zu konzentrieren. Auch hier zeigt sich wieder: Menschen aufgrund dessen zu bewerten, was sie (angeblich) können oder nicht können, ist diskriminierend und verletzend, und eine nach echter Diversität strebende Organisation tut gut daran, auch diesen Aspekt von Vielfalt zu berücksichtigen.

2.6.5 Klassismus – Diskriminierung aufgrund der sozialen Klasse

Einige Jahre lang war ich recht häufig beruflich in Berlin und wohnte meist in einem Hotel auf der Friedrichstraße, nahe der gleichnamigen S- und U-Bahn-Haltestelle. Wenn ich vom Hotel zum Bahnsteig wollte, musste ich unter der Brücke hindurch, und in all diesen Jahren campierte unter der Brücke immer mindestens eine Person. Eine Zeitlang waren manche der wohnungslosen Personen dort für mich fester Bestandteil meines Wegs, denn ich folgte dem Gedanken, den ich einmal von Lars Amend gehört hatte, dem Bestseller-Autor, der wie ich aus Mittelhessen stammt, aber seit langem in Berlin lebt: Ich gewöhnte mir an, stets ein paar Münzen in der Hosentasche zu haben, um sie einer oder auch mehreren Personen geben zu können, die sich dort unter der Brücke aufhielten. In dieser Zeit erinnerte ich mich wieder an meine Schulzeit. Ich hatte, sobald das rechtlich möglich war (und zum Leidwesen meines Vaters, dem es schwer fiel, das zu akzeptieren) meinen Austritt aus der Kirche erklärt und war dementsprechend vom Religionsunterricht befreit (was eine Begleiterscheinung war, nicht der Beweggrund). Da zu meiner Schulzeit Ethikunterricht noch nicht im Programm war, war die Alternative zum Religionsunterricht: Freistunde. Das war bei mir am Samstagvormittag der Fall, denn überdies gab es in meiner Schulzeit Nachmittagsunterricht und eben auch Unterricht am Samstagvormittag. Diese Freistunde verbrachte ich recht schnell immer auf dieselbe Art und Weise: Ich lief zu einem Bäcker, holte dort zwei Croissants, ging dann zum Rudolphsplatz, einem der Orte in Marburg, an denen sich wohnungslose Menschen im Bereich der Unterführung häufig aufhalten. Dort teilte ich jeden Samstag mein Frühstück mit einem Wohnungslosen. Wir unterhielten uns eine Weile, dann ging ich zurück in die Schule.

Ich erzähle deshalb von dieser Erfahrung, weil für mich als Schülerin der Kontakt mit wohnungslosen Personen noch völlig unbelastet war. Ich kann mich nicht erinnern, dass ich mir groß Gedanken darüber gemacht hätte, ich unterhielt mich – so meine heutige Erinnerung daran – angstfrei, vorurteilsfrei und interessiert. Doch irgendwann ging das verloren. Ich kann nicht beschreiben, wie und warum, weil ich es schlicht mehr weiß, doch irgendwann entwickelte ich einen Mechanismus, den ich heute noch manchmal an mir entdecke: Ich wich aus. Ich fing an, einen Bogen um Menschen zu machen, die mit ihren wenigen Habseligkeiten, möglicherweise verletzt und mit dreckiger Kleidung auf einer fleckigen Matratze unter einer Brücke saßen oder lagen, schliefen oder vor sich hin starrten. Heute bemühe ich mich darum, mir diese Reaktion zumindest bewusst zu machen, wenn sie passiert, denn sie ist nach wie vor vorhanden. Erst kürzlich ging es mir in der S-Bahn in Berlin wieder so. Eine Frau stieg mit mir gemeinsam zu, offensichtlich am Bein verletzt, die Kleidung zerschlissen und dreckig. Sie setzte sich ein paar Plätze von mir entfernt und starrte auf den Boden. Manchmal gelingt es mir in so einer Situation, die Person anzusprechen, sie zu fragen, ob sie okay sei, ob sie Hilfe brauche, ob ich etwas tun könne. Aber nicht immer. Das ist eine meiner persönlichen Klassismus-Geschichten, denn ich habe Vorurteile gegenüber Menschen, die wohnungslos sind, gegenüber Menschen, die arm sind (im Sinne von: im Vergleich ärmer, als wir es in meiner Herkunftsfamilie waren, ich zähle zur Gruppe der sogenannten sozialen Aufsteiger*innen), gegenüber Menschen, die nicht so sprachgewandt sind wie ich, die eine geringe(re) Allgemeinbildung haben etc. Ich habe diese Vorurteile nicht bewusst, nicht absichtlich, und wenn ich sie mir bewusst mache, stelle ich sie durchaus auf den Prüfstand, und ich schäme mich dafür, dass ich sie habe – aber ich habe sie. Und Teil dessen ist, dass sie, das Klassismus in unserer Gesellschaft fest verankert ist und ich erst vor kurzer Zeit wirklich begriffen habe, dass Klassismus sich wie ein quer gewebter Faden verstärkend durch alle Formen von Diskriminierung zieht. Schwarze Menschen und People of Color sind Rassismus ausgesetzt, und sie sind es umso mehr, wenn sie arm sind. Alleinerziehende Mütter haben häufig schier unüberwindbare Hürden zu meistern, und es wird ihnen noch viel schwerer gemacht, wenn sie aufgrund geringerer Schulbildung wenig Zugang zu Wissen darüber haben, wie unser Sozialsystem funktioniert.

Im sehr lesenswerten Buch *Zugang verwehrt* schreibt Autor*in Francis Seeck:

> „Klassismus stellt eine ernstzunehmende Gefahr für den Zusammenhalt der Gesellschaft dar. Menschenverachtende Einstellungen gegenüber langzeiterwerbslosen und obdachlosen Menschen nehmen enorm zu. Auch mehren sich die Angriffe von rechts gegen wohnungslose und erwerbslose Menschen. Klassismus als Ideologie dient dazu, vorhandene Klassenverhältnisse – und damit Machtverhältnisse – aufrechtzuerhalten. Um Ungleichheit und Diskriminierung aufzudecken und dagegen vorgehen zu können, ist es deshalb unumgänglich, dass wir uns der Diskriminierungsform Klassismus zuwenden, denn Klassismus verwehrt Zugänge, Klassismus fördert soziale Ungleichheit. Wenn wir eine gerechte Gesellschaft erreichen wollen, müssen wir uns dem entgegenstellen." [37]

Nun fragen Sie sich womöglich, inwiefern das für Organisationen von Bedeutung sein soll. Nun, je nach Art der Organisation gibt es durchaus ein von unterschiedlichen Klassen geprägtes Gefälle innerhalb einer Organisation. Ich selbst war beispielsweise vierzehn Jahre lang in einem produzierenden Unternehmen angestellt, und an dem Produktionsstandort, an dem ich im Personalbereich tätig war, gab es sowohl Mitglieder des Top-Managements als auch ungelernte Kräfte innerhalb der Produktion, beispielsweise in der sogenannten Optischen Kontrolle, in der vorwiegend Frauen* ihre Arbeitszeit damit verbrachten, Fläschchen mit pharmazeutischen Produkten im Rahmen festgelegter Prozesse auf optische Auffälligkeiten hin zu überprüfen. Wenn ich von ungelernten Kräften schreibe, heißt das nicht, dass diese Personen gar keine Ausbildung gehabt hätten, sie benötigten jedoch keine spezifische Berufsausbildung, um in diesem oder ähnlichen Bereichen beschäftigt zu werden. Manche Berufsbilder waren gerne gesehen, beispielsweise Personen, die das Backhandwerk gelernt oder in einer Fleischerei gearbeitet hatten, weil man annahm, dass diese mit sorgfältigem Arbeiten unter besonderen Hygienebedingungen vertraut sein müssten. Ich kann mich durchaus daran erinnern, dass wir schon damals im Bereich der internen Kommunikation, die auch zu meinem Verantwortungsbereich zählte, auf verständliche Sprache achteten, und wir bemühten uns auch, bei Projekten wie der jährlich stattfindenden Mitarbeiter*innenbefragung auf die Belange von Personen, die in Schicht arbeiteten, so gut wie möglich einzugehen, sprich: Wir sind schon auch mal in der Spätschicht mit unseren Fragebögen vor Ort gewesen und haben erklärt, worum es geht. Als Standard lässt sich das wohl dennoch nicht bezeichnen, damals nicht und heute in vielen Bereichen nach wie vor nicht.

> In Deutschland dauert es durchschnittlich sechs Generationen, bis Personen aus einkommensarmen Familien das Durchschnittseinkommen erreichen.

Ein weiteres Beispiel für Klassismus innerhalb von Organisationen ist der Stellenbesetzungsprozess. Nicht umsonst hält sich hartnäckig die Empfehlung in der Karriereberatung, für Lücken im Lebenslauf eine gute Erklärung parat zu haben oder sie möglichst unkenntlich zu machen, und darüber hinaus wird auch heute noch recht intensiv auf die Schulbildung, die Wahl des Studiengangs und der Universität(en), die Stationen für Praktika usw. geschaut. Und dabei ausgeblendet, dass Menschen sich möglicherweise eine weitere Ausbildung, einen Auslandsaufenthalt, eine renommiertere Universität oder ähnliches schlicht nicht leisten können. „Wer arm geboren wird", schreibt Francis Seeck, „bleibt meist arm, und wer reich geboren wird, bleibt reich, dies betont eine Studie der OECD. In Deutschland dauert es durchschnittlich sechs Generationen, bis Personen aus einkommensarmen Familien das Durchschnittseinkommen erreichen." [38]

Sechs Generationen! Und was hinzukommt: Nicht immer gelingt eine sogenannte Aufstiegsgeschichte, nicht immer gelingt es Menschen, die in einkommensschwachen Kontexten groß werden, in den gesellschaftlichen Durchschnitt aufzusteigen. Besonders eindrucksvoll schildert das der Journalist Olivier David in seinem Buch *Keine Aufstiegsgeschichte*. Er beschreibt seine eigene Lebensrealität beispielsweise daran, wie schambehaftet es für ihn während der Schulzeit war, wenn eine Klassenfahrt anstand und er zu den Kindern gehörte, die Zuschüsse dafür erhielten und mit einem entsprechenden Schreiben nach vorne zum Pult mussten – vor den Augen der gesamten Klasse.

> „Was genau ist Armut?, kann man sich an dieser Stelle fragen, denn die Art von Armut, in der meine Schwester und ich aufwuchsen, bedeutete nicht hungern oder sich bei der Tafel anstellen zu müssen, sie bedeutet nicht, in dreckigen Lumpen in die Schule gehen zu müssen. Ich hatte einen richtigen Schulranzen und trug meine Hefte und Stifte nicht in einer ALDI-Tüte zur Schule, so wie ein anderer Schüler aus meiner Klasse. Das Geld war zwar ständig knapp, dennoch war unsere Armut subtiler. Das meiste davon spielte sich im eigenen Kopf ab, aber genau diese unsichtbare Barriere ordnete mich ein, wies mir den Platz zu, von dem ich glaubte, er wäre meiner." [39]

Allein die Frage des „Gelingens" kann übrigens schon als klassistisch verstanden werden, denn sie bewertet, sie definiert, was erstrebenswert sei. Wer aufsteigt, so postuliert diese Perspektive, hat es geschafft, und wer nicht, die*der ist zu bedauern. Sicher hat dieser Blick etwas damit zu tun, wie wir medial geprägt sind. Wir sind es gewohnt, Held*innengeschichten zu konsumieren, wir freuen uns mit den Protagonist*innen, wenn am Ende der Geschichte alles gut wird, und natürlich definieren die Filmemacher*innen (vorwiegend die Filmemacher, um ehrlich zu sein, aber zu Intersektionalität kommen wir gleich), was als Happy End zu lesen sei. Und sicher können Sie mir jetzt entgegenhalten, dass doch wohl niemand freiwillig oder gerne in Armut lebe. Es gibt aber erstens nicht nur entweder oder, wie in so vielen Kontexten, und die Frage danach, was wir als erstrebenswerten Zustand ansehen, hat eben immer auch etwas Übergriffiges – wir nehmen uns heraus zu definieren, was der Standard sein soll, und – es kommt noch schlimmer – wir unterstellen jenen, die diesen Standard nicht erreichen, sie hätten sich dann wohl nicht genug angestrengt:

> „[…] auch das Vorurteil, dass arme Menschen selbst an ihrer Situation schuld seien, ist Klassismus. Die Vorstellung wälzt ein gesamtgesellschaftliches Problem auf einzelne Personen ab. Sie ignoriert unter anderem eine Entwicklung, die tief in den Strukturen unserer Gesellschaft liegt: Seit Jahrzehnten wächst die soziale Ungleichheit. Die Schere zwischen Arm und Reich geht stetig weiter auseinander, während sozialer Aufstieg immer schwieriger wird." [38]

Welche Fragen sollten wir uns also im Kontext von Klassismus als Diskriminierungsform in Organisationen stellen? Zunächst einmal ist auch hier Sprache von besonderer Bedeutung. Es besteht ein substanzieller Unterschied zwischen der Bezeichnung von Menschen als arbeitslos versus als erwerbslos, wenn wir beispielsweise an Rekrutierungsprozesse insbesondere im Segment prekärer Jobs, aber auch im Allgemeinen denken. Menschen, die keiner Erwerbsarbeit nachgehen (können), sind nämlich eben nicht notwendigerweise ohne Arbeit. Möglicherweise sind sie ehrenamtlich tätig oder geringfügig beschäftigt oder leisten Sorgearbeit, dennoch reicht das, was die damit verdienen, eben nicht zur Sicherung des Lebensunterhalts. Wer einmal in diesem Klischeetopf ist, kommt so schnell nicht mehr hinaus, was auch damit zusammenhängt, dass Zugänge zu Unterstützungs- oder Eingliederungsangeboten häufig erschwert oder nicht bekannt sind. Und Organisationen in ihren Auswahlprozessen eben nicht selten Bewerbungen von Menschen mit nicht so geradliniger Laufbahn eher aussortieren und ihnen damit Zugänge verwehren. Je länger das passiert, desto schwieriger wird es für diese Personen, (wieder) den Anschluss zu finden. Wenn dann noch (vgl. Abschn. 2.6.3) eine körperliche Behinderung oder eine geistige Beeinträchtigung vorhanden ist – Depressionen beispielsweise kommen bei armen Menschen signifikant häufiger vor und der Zugang zu ihrer Behandlung ist oft erschwert oder nicht gegeben –, kann die Vorverurteilung dazu führen, dass diesen Personen gar keine Chance mehr gegeben wird. Organisationen sollten sich also allem voran ihrer Verantwortung bewusst werden und überlegen, ob sie den geschilderten Trend, dass Arme immer ärmer und Reiche immer reicher werden, mittragen oder sich dagegen engagieren wollen. Dann sind in jedem Falle zentrale Prozesse wie die Stellenbesetzung und Beförderung, aber auch die Unterstützungsangebote im Bereich der Aus- und Weiterbildung, daraufhin zu überprüfen, wo ggf. Benachteiligung oder Bevorzugung aufgrund einer Klassenzuschreibung stattfindet. Das gilt auch für Zugänge, die mit Sprache zu tun haben. Dort, wo vorwiegend akademische Sprache oder eine Sprache verwendet wird, die nicht die Erstsprache mancher Mitarbeitenden ist, werden Barrieren erzeugt, die es Menschen erschweren können, sich weiterzuentwickeln. Gleiches gilt für Netzwerke, die möglicherweise in Räumen und an Orten stattfinden, die nicht barrierefrei zugänglich sind.

Hintergrund: Intersektionalität
Der Begriff der Intersektionalität wurde in den 1980er Jahren erstmals von der amerikanischen Juristin Kimberlé Crenshaw verwendet und beschrieben, dass Kategorien wie *gender*, Klasse, Ethnie, Herkunft, Alter oder Behinderung etc. nicht isoliert voneinander betrachtet werden können, sondern sie in ihrem Miteinander-Verwobensein, ihren Überkreuzungen (engl. *intersections*) analysiert werden müssen. Hierbei geht es vor allem um die Analyse der Wechselwirkungen innerhalb von Diskriminierung, also beispielsweise die Frage, wie sich Diskriminierung noch verstärkt durch das sich Überkreuzen verschiedener

Diskriminierungsarten bezogen auf eine von Diskriminierung betroffene Person. So lässt sich beispielsweise für eine Schwarze Frau, die alleinerziehend und erwerbslos ist und an Depressionen leidet, nicht isoliert betrachten, dass/ob sie diskriminiert wird, weil sie Schwarz, weiblich gelesen, ggf. in prekären Verhältnissen und psychisch beeinträchtigt ist – es ist aber davon auszugehen, dass sich diese verschiedenen Arten von Diskriminierung gegenseitig noch verstärken.

Gerade was den Feminismus angeht, hat dieses Konzept besondere Aufmerksamkeit und Bedeutung erlangt, und viele Feminist*innen beschäftigen sich inzwischen gezielt mit der Frage, wie und wo weißer Feminismus hinderlich und diskriminierend ist. Damit ist beispielsweise gemeint, dass weiße, weiblich gelesene Personen sich ihrer privilegierten Stellung gegenüber Schwarzen Frauen* und Frauen* of Color bewusst sein sollten, denn nur wenn die feministische Idee alle Frauen* mitdenkt und die besondere Situation derer, die von Mehrfachdiskriminierung betroffen sind, kann echte Gleichstellung erreicht werden.

Das ist insbesondere wichtig, wenn wir uns in Organisationen der Frage widmen, wie weiblich gelesene Personen sich gegenüber geschlechtsbasierter Diskriminierung am Arbeitsplatz verhalten. Ute Clement führt hier nach Christine Kurmeyer zwei mögliche Verhaltensstrategien an:

1. Im Rahmen der kollektiven Mobilität unterstützen sich Frauen*, die geschlechterbasierte Diskriminierung am Arbeitsplatz erleben, gegenseitig. Solche, denen es gelingt, trotz erschwerter Bedingungen in Machtpositionen zu gelangen, öffnen die Tür für weitere Frauen*, unterstützen diese aktiv, beispielsweise indem sie ihnen als Mentor*innen zur Verfügung stehen und sie aktiv fördern. Diese Strategie kann nachhaltig und deutlich schneller zu Geschlechtergerechtigkeit führen.
2. Wählen Frauen* jedoch die Strategie der individuellen Mobilität, fokussieren sie ausschließlich auf ihr eigenes individuelles Weiterkommen und betonen sogar den Unterschied zwischen ihnen selbst und der (diskriminierten) Gruppe der Frauen* innerhalb der Organisation oder im Allgemeinen. Solche Querschüsse aus den eigenen Reihen sind aus verständlichen Gründen extrem kontraproduktiv. Und wir dürfen nicht vergessen: Struktureller Sexismus

(ebenso wie Rassismus, Klassismus etc.) betrifft uns alle und ist nicht sofort für uns erkennbar, wir sind in Strukturen groß geworden, in denen bestimmte Zuschreibungen und Mechanismen üblich waren und daher von uns als „normal" empfunden wurden. [40]

Leah Czollek et al. definieren in ihrem *Praxishandbuch Social Justice und Diversity* die Systemische Intersektionalität als „Spezifik der Verschränkung unterschiedlicher Diskriminierungsformen (...)", die „auch die Ähnlichkeit der Mechanismen (fokussiert), die sich sowohl innerhalb der Diskriminierungsformen als auch zwischen ihnen aufzeigen lassen". [41] So würden mittels struktureller Mechanismen Privilegien aufrechterhalten und verfestigt, die konstituieren, was das „Wir" sei und wer sich diesem „Wir" zugehörig fühlen könne und wer nicht (vgl. *Othering*, Abschn. 2.6.3). Außerdem weisen Czollek et al. darauf hin, dass aufgrund dieser struktureller Bedingungen auch eine Diskriminierung durch von Diskriminierung betroffene Menschen stattfinden kann:

> „Systemische Intersektionalität bedeutet darüber hinaus, dafür sensibel zu bleiben, dass diskriminierte Personen selbst Mechanismen und Prozesse des *Othering* bei gleichzeitiger Stereotypisierung verinnerlicht haben können. Insofern sie ebenfalls in einer Gesellschaft sozialisiert wurden, können daher auch diskriminierte Menschen an anderer Stelle Strukturelle Diskriminierung mit herstellen [...]." [41]

Den Aspekt der Intersektionalität führe ich in den Formaten, die ich in Organisationen im Bereich *Diversity, Inclusion & Belonging* anbiete, häufig bewusst ohne tiefere wissenschaftliche Auseinandersetzung ein, weil seine Bedeutung sich – wie ich finde – auch recht eingängig erklären lässt, indem man von individuellen Grenzen spricht. Wenn wir über Diskriminierung sprechen, sprechen wir immer über Grenzverletzungen. Das können Grenzen sein, die so für eine Vielzahl von Menschen gelten, es kann aber auch sein, dass ich eine Grenze empfinde, wo sie bei den meisten anderen Personen noch lange nicht erreicht ist. Das führt dann häufig zu Bagatellisierung – einer der Faktoren, die das wiederholte Auftreten von Diskriminierung noch wahrscheinlicher machen. Grundvoraussetzung von echter Diversität, so wie ich sie verstehe, ist also, dass wir jede individuelle Grenze respektieren und uns in unserer Unterschiedlichkeit wertschätzen.

> **Ihr Transfer in die Praxis**
>
> 1. Das EVE-Modell unterstützt Sie dabei, Prozesse innerhalb Ihrer Organisation auf mögliche Beeinflussung durch unbewusste Verzerrungen zu überprüfen und zu Entscheidungsalternativen zu gelangen.
> 2. Die Anwendungsgebiete erstrecken sich auf verschiedene Arten von *Unconscious Biases*, die in Stereotypisierung und Diskriminierung münden können. Dazu gehört der *Gender Bias* sowie der *Age Bias* ebenso wie Rassismus, Ableismus und Klassismus – und weitere Diskriminierungsarten, die hier nicht separat behandelt sind.
> 3. Von zentraler Bedeutung ist das Konzept der Intersektionalität, Diskriminierung also mitsamt der Wechselwirkungen zu verstehen und zu analysieren, die stattfinden können.
> 4. Organisationen profitieren im Bereich *Diversity, Inclusion & Belonging* schon enorm, wenn es ihnen gelingt, die Kommunikation über Grenzverletzungen zu enttabuisieren und Räume zu schaffen, in denen Betroffene sich geschützt miteinander austauschen können, sowie solche, in denen mit Betroffenen anstatt über sie gesprochen wird.

Literatur

1. Vgl. Clear, James (2020): Die 1 % Methode. Minimale Veränderung, maximale Wirkung. Goldmann
2. Banaji, Mahzarin R., Greenwald, Anthony G. (2016): Blind Spot. Hidden Biases of Good People. Bantam Books
3. Devine, Patricia et al. (2012): Long-term reduction in implicit race bias. A prejudice habit-breaking intervention. In: Journal of Experimental Social Psychology 48, S. 21
4. March, James G.: Zwei Seiten der Erfahrung. Wie Organisationen intelligenter werden können.
5. Scharmer, C. Otto: Theorie U. Von der Zukunft her führen. Carl-Auer, vierte Auflage 2015, S. 135
6. Scharmer, C. Otto: Theorie U. Von der Zukunft her führen. Carl-Auer, vierte Auflage 2015, S. 300
7. Covey, Stephen (2020): The Seven Habits of Highly Effective People. Simon + Schuster
8. Devine, Patricia, S. 22

9. Vgl. Lambert, S. (2019): Generationenvielfalt aktiv gestalten! – Auf dem Weg zu einem neuen Verständnis von Arbeit und Alter. In: Domsch, M. / Ladwig, D. / Weber, F. (Hrsg.): Vorurteile im Arbeitsleben. Springer, S. 279
10. Zenger, J. / Folkman, J. (2019): Women Score Higher Than Men in Most Leadership Skills. In: Harvard Business Review Online, Research: Women Score Higher Than Men in Most Leadership Skills (hbr.org), zuletzt abgerufen am 01.05.2022
11. Kunzmann, E. / Ringelband, O. / Hoyndorf, A. (2019): Geschlechterbasierte Vorurteile in der Auswahl von Top-Managern. In: Domsch, M. / Ladwig, D. / Weber, F. (Hrsg.): Vorurteile im Arbeitsleben. Springer, S. 150
12. Ogette, Tupoka (2019): Exit Raxism. Rassismuskritisch denken lernen. Unrast
13. Hasters, Alice (2019): Was weiße Menschen nicht über Rassismus hören wollen, aber wissen sollten. Hanserblau
14. Burel, Simone (2020): Quick Guide Female Leadership (Springer Gabler
15. McKinsey: Delivering Through Diversity, Delivering growth through diversity in the workplace | McKinsey, zuletzt abgerufen am 02.04.2021
16. Eltern Policy - Bestpractice Beispiel der Charta der Vielfalt (charta-der-vielfalt.de), zuletzt abgerufen am 01.05.2022
17. Bohnet, Iris (2017): What works. Wie Verhaltensdesign die Gleichstellung revolutionieren kann. Dt. Ausgabe C. H. Beck
18. Bohnet, Iris (2017): What works. Wie Verhaltensdesign die Gleichstellung revolutionieren kann. Dt. Ausgabe C. H. Beck, S. 29
19. Criado-Perez, Caroline (2020): Unsichtbare Frauen. Wie eine von Daten beherrschte Welt die Hälfte der Bevölkerung ignoriert. btb
20. Criado-Perez, Caroline (2020): Unsichtbare Frauen. Wie eine von Daten beherrschte Welt die Hälfte der Bevölkerung ignoriert. btb, S. 220
21. Criado-Perez, Caroline (2020): Unsichtbare Frauen. Wie eine von Daten beherrschte Welt die Hälfte der Bevölkerung ignoriert. btb, S. 104
22. Criado-Perez, Caroline (2020): Unsichtbare Frauen. Wie eine von Daten beherrschte Welt die Hälfte der Bevölkerung ignoriert. btb, S. 105
23. Zykunov, Alexandra (2022): Wir sind doch alle längst gleichberechtigt! 25 Bullshitsätze und wie wir sie endlich zerlegen. Ullstein, S. 45
24. Agarwal, Pragya (2020): Sway. Unravelling Unconscious Bias. Bloomsbury, S. 223 f.
25. Criado-Perez, Caroline (2020): Unsichtbare Frauen. Wie eine von Daten beherrschte Welt die Hälfte der Bevölkerung ignoriert. btb, S. 134

26. Solnit, Rebecca (2017): Wenn Männer mir die Welt erklären. btb, S. 14
27. Vgl. De Paulo Couto, Maria Clara/Rothermund, Klaus: Ageism and Age Discrimination at the Workplace. A Psychological Perspective. In: Domsch, Michael E. / Ladwig, Désirée H. / Weber, Florian C. (Hrsg.): Vorurteile im Arbeitsleben. Unconscious Bias erkennen, vermeiden und abbauen. Springer Gabler 2019, S. 58
28. „Die Angst des Chefs vor dem Ende", in: Der SPIEGEL Nr. 28/2021 vom 10.07.2021, S. 70
29. „Die Angst des Chefs vor dem Ende", in: Der SPIEGEL Nr. 28/2021 vom 10.07.2021, S. 71
30. El-Mafaalani, Aladin (2021^2): Wozu Rassismus? Kiepenheuer & Witsch, S. 18
31. El-Mafaalani, Aladin (2021^2): Wozu Rassismus? Kiepenheuer & Witsch, S. 58
32. DiAngelo, Robin (2018): White Fragility. Why It's So Hard for White People to Talk About Racism. Beacon Press, S. 11
33. Maskos, Rebecca: „Bist du behindert oder was?!" Behinderung, Ableismus und souveräne Bürger_innen. Vortrag im Rahmen der Ringvorlesung „Jenseits der Ge- schlechtergrenzen" der AG Queer Studies und der Ringvorlesung „Behinderung ohne Behinderte!? Perspektiven der Disability Studies", Universität Hamburg, 14.12.2011
34. Ableismus erkennen und beggenen. Strategien zur Stärkung von Selbsthilfepotenzialen. Broschüre der Interessenvertretung Selbstbestimmt Leben in Deutschland e. v. – ILS, https://www.isl-ev.de/attachments/article/2056/ISL-Able-Ismus_Broschüre.pdf, S. 3, zuletzt abgerufen am 01.05.2022
35. Ableismus erkennen und beggenen. Strategien zur Stärkung von Selbsthilfepotenzialen. Broschüre der Interessenvertretung Selbstbestimmt Leben in Deutschland e. v. – ILS, https://www.isl-ev.de/attachments/article/2056/ISL-Able-Ismus_Broschüre.pdf,, S. 9, zuletzt abgerufen am 01.05.2022
36. Leduc, Amanda (2021): Entstellt. Über Märchen, Behinderung und Teilhabe. Nautilus, S. 14
37. Seeck, Francis (2022): Zugang verwehrt. Keine Chance in der Gesellschaft: wie Klassismus soziale Ungleichheit fördert, Atrium Verlag, S. 11
38. Seeck, Francis (2022): Zugang verwehrt. Keine Chance in der Gesellschaft: wie Klassismus soziale Ungleichheit fördert, Atrium Verlag, S. 9
39. David, Olivier (2022): Keine Aufstiegsgeschichte. Eden, S. 45

40. Vgl. Clement, Ute (2022): Frauen führen besser. Carl-Auer, S. 47
41. Czollek, Leah Carola; Perko, Gudrun; Kaszner, Corinne; Czollek, Max (2019²): Praxishandbuch Social Justice und Diversity. Theorien, Training, Methoden, Übung. Beltz Juventa, S. 33

3

Unconscious Bias überwinden

„Uncertainty is an unavoidable aspect of the human condition."
(Amos Tversky/Daniel Kahneman)

Was Sie aus diesem Kapitel mitnehmen

- Unconscious Bias lässt sich nicht wegtrainieren, er wird immer Bestandteil unseres Lebens sein.
- Wir können jedoch die Aufmerksamkeit so lenken und trainieren, dass er uns bewusster wird und wir unsere Entscheidungen daraufhin überprüfen, ggf. anpassen und so verbessern können.
- Veränderungen sollten auf drei Interventionsebenen ansetzen: der individuellen, psychosozialen Ebene einzelner Akteur*innen; der Interaktion zwischen Personen; der strukturellen Organisationsebene.

3.1 Ganzheitlicher Blick auf die Organisation und ihre Entwicklung

Nachdem wir uns mit dem von mir vorgeschlagenen Modell zur Überprüfung von (Entscheidungs-) Prozessen in Ihrer Organisation auseinandergesetzt haben und Sie nun ein möglicherweise noch besseres und tieferes Verständnis davon haben, was *Unconscious Biases* sind, woher sie rühren, wie sie sich auswirken und wie sie in Organisationen bearbeitet werden können, möchte ich nun in diesem dritten Kapitel einen Versuch unternehmen, ein paar Fäden für Sie zusammenzuführen. Der Begriff „ganzheitlich" ist dabei vermutlich auch vorurteilsbehaftet, denn er wird seit einigen Jahren durchaus inflationär verwendet – irgendwie soll so gut wie alles am besten ganzheitlich und nachhaltig sein. Was ich mit dem ganzheitlichen Blick meine, ist eine Perspektive von oben und aus der Distanz, die es Ihnen ermöglicht, das Zusammenspiel und Zusammenwirken unterschiedlicher Aspekte in einem Gesamtbild zu betrachten. Wenn Sie Ihre Organisation, also die Organisation, in der Sie Mitglied und möglicherweise auch Mitentscheider*in sind, im Hinblick auf *Diversity, Inclusion & Belonging* weiterentwickeln wollen, halte ich es für sinnvoll und wichtig, vielleicht sogar für unumgänglich, zwei Faktoren zu berücksichtigen: den ganzheitlichen Blick und eine iterative Vorgehensweise. Letzteres hängt damit zusammen, dass ich Organisationen als lebendige Organismen verstehe, die sich permanent weiterentwickeln und die – insbesondere, wenn es um deren Kultur geht – eben nicht kalkulierbar verhalten. Meine Kollegin Christina Grubendorfer spricht in diesem Zusammenhang von der Organisationskultur als dem Schatten, der nicht direkt beeinflusst werden kann, sondern der sich immer mitverändert, wenn sich die Praktiken innerhalb der Organisation verändern [1]. Das bedingt, dass wir uns die Frage kultureller Veränderungsprozesse – und als solche können auch Initiativen für mehr Diversität gelten – auf verschiedenen Interventionsebenen anschauen müssen, denn nur im Zusammenwirken dieser Ebenen, auf denen wir Impulse setzen können, wird eine nachhaltige Veränderung erreichbar sein.

3.2 Drei Interventionsebenen

Die Anwendung des in Kap. 2 beschriebenen EVE-Modells hilft zunächst einmal auf individueller Ebene, gewohnheitsmäßig ablaufende Entscheidungsprozesse zu hinterfragen, zu analysieren und ggf. anzupassen, sodass das Ergebnis des Entscheidungsprozesses möglichst wenig auf unbewussten Verzerrungen basiert. Es ist jedoch unwahrscheinlich, dass die individuelle Betrachtungsebene alleine, selbst mit einer hinreichend großen Anzahl von Individuen, zu einer nachhaltigen Veränderung auch auf struktureller, organisationaler Ebene führen kann. Daher ist wichtig, zwei weitere Interventionsebenen zu betrachten, auf denen Entscheidungsprozesse hinterfragt und ggf. angepasst werden können und sollten: die Ebene der Interaktion zwischen verschiedenen Akteur*innen sowie die strukturelle Ebene der Entscheidungsprogramme in Organisationen.

> *Wenn wir mit der Herausforderung konfrontiert sind, erstmalig ein Problem lösen zu müssen, stehen die Chancen gut, dass System 2 aktiviert wird und wir die Situation zunächst einmal intensiv analysieren, bevor wir entscheiden, wie wir reagieren werden. Diesen Mechanismus können wir uns zunutze machen.*

Blicken wir noch einmal auf die Unterschiede zwischen System 1 und System 2. Nach Kahneman wird System-2-Denken durch Herausforderungen aktiviert. Thorndikes Katze war zu Beginn des Versuchs mit der Herausforderung konfrontiert, einen Ausweg aus ihrem Gefängnis zu finden. Wenn wir also mit der Herausforderung konfrontiert sind, erstmalig ein Problem lösen zu müssen, und wir keine oder kaum Merkmale eines *„been there, done that"* erkennen, stehen die Chancen gut, dass System 2 aktiviert wird und wir die Situation zunächst einmal intensiv analysieren, bevor wir entscheiden, wie wir reagieren werden. Diesen Mechanismus können wir uns auf der Ebene der Interaktion zunutze machen, indem wir einer (oder mehreren) anderen Person(en), die möglichst wenig Vorinformationen (und damit Vorbefassungen) bezüglich unseres Entscheidungsprozesses haben, den Prozess in seinem Ablauf und mit seinen einzelnen Komponenten, ähnlich wie in Tab. 2.1 und Tab. 2.2 (Kap. 2), schildern und erläutern. Hierbei fungiert (bzw. fungieren) die andere(n) Person(en) nicht nur als unbeteiligte Zuhörer*innen, sondern als ein „Sounding Board", das reflektiert und verbal zurückspielt, was es wahrnimmt, welche Fragen es sich stellt und wo es Annahmen beobachtet, die zu überprüfen wären. In der gemeinsamen Interaktion kann so der EVE-Prozess miteinander durchlaufen und visualisiert werden, sodass am Ende der Entscheidungsprozess gleich aus mehreren Perspektiven beleuchtet und auf den Prüfstand gestellt wurde. Entscheidungsprozesse auf diesem Weg kooperativ zu gestalten, sie in die explizite Kommunikation zu bringen und gemeinsam zu reflektieren, hilft, das analytische Denken anstelle des Autopiloten zu aktivieren.

Schaut man mit der maßgeblich vom Soziologen Niklas Luhmann geprägten Theorie sozialer Systeme auf Organisationen, dann sticht heraus, dass Organisationen sich kontinuierlich mit Entscheidungen beschäftigen, und zwar mit denen, die unentscheidbar sind, denn alles Entscheidbare ist ja bereits entschieden (vgl. Abschn. 1.2). Organisationen nutzen sogenannte Programme, damit bestimmte Entscheidungen nicht permanent neu reflektiert werden müssen – man kann sagen, auch Organisationen machen sich die Macht der Gewohnheit zunutze. Das gilt beispielsweise für Kommunikationswege, also die Frage, welche regelmäßigen Meetings in der Organisation stattfinden; für Personalfragen, also solche, die sich um Positionszuweisungen, Kompetenzen, Rollenbeschreibungen etc. drehen; aber eben auch für sogenannte Zweck- und Konditionalprogramme, also definierte Prozesse, die beschreiben, was in der Organisation zu tun ist, um einen bestimmten Zweck zu verfolgen („Um eine Unterschriftsberechtigung zu erhalten, muss man Position X erreicht haben und dann die Geschäftsführung um Gegenzeichnung eines entsprechenden Antrags bitten.") oder um festzulegen, was passiert, wenn eine bestimmte Bedingung oder Situation eintritt („Die Führungsbereitschaft ist immer dann zu alarmieren, wenn außerhalb der normalen Bürozeiten eine Presseanfrage gestellt wird").

Schließlich gibt es noch den Bereich der Unternehmenskultur, in den das fällt, was nicht offensichtlich beschrieben, hinterlegt und erklärt ist, also die inoffiziellen Spielregeln, die ungeschriebenen Gesetze unter der Überschrift: „Das macht man hier so."

Um herauszufinden, wo möglicherweise unbewusste Verzerrungen und Voreingenommenheiten wirken, gilt es, Entscheidungsprozesse aus all diesen Bereichen in die gemeinsame Reflexion innerhalb der Organisation zu bringen. Insbesondere Prozesse, die unter dem Motto stehen: „Das haben wir schon immer so gemacht!", können risikobehaftet im Hinblick auf *Unconscious Bias* sein, weil insbesondere sie selten hinterfragt werden.

Meint es eine Organisation also ernst mit dem Ziel, echte Diversität zu leben, so bietet sich an, sukzessive die Entscheidungsprozesse – mindestens die, die sich um Menschen drehen – unter die Lupe zu nehmen. Nachfolgend finden Sie, liebe*r Leser*in, eine Mischung aus Praxisbeispielen verschiedener Quellen: Solche, die ich selbst mitgestalten durfte (teilweise sind diese anonymisiert) sowie solche, die ich aus verschiedenen mir zugänglichen Quellen zusammengestellt und an manchen Stellen auf den Kontext angepasst habe (selbstverständlich mit entsprechender Quellenangabe des Originalbeispiels). Diese Beispiele sollen Sie dazu anregen, darüber nachzudenken, wo in Ihrem direkten Umfeld es Ihnen möglich ist, etwas auszuprobieren und damit der *gender fatigue* oder einer anderen Müdigkeit entgegenzuwirken, indem Sie ins Tun kommen.

3.3 Awareness schaffen für *Unconscious Biases*

Starten wir mit einem Blick auf verschiedene Praxisbeispiele, mithilfe derer es gelingt, in Organisationen auf das Thema *Unconscious Biases* aufmerksam zu machen, ohne mit dem Finger auf Personen zu zeigen und ohne das Thema zu verharmlosen. In den Trainings und Programmen, die ich mit unterschiedlichen Organisationen im Kontext von *Diversity, Inclusion & Belonging* durchführe, ist das Schaffen von Bewusstsein und Aufmerksamkeit sowohl für unbewusste

Verzerrungen und Voreingenommenheiten als auch für das Vorhandensein von Ungleichbehandlung, Mikroaggressionen und Diskriminierung ein zentraler Bestandteil. Menschen in Organisationen müssen sich bewusst werden, dass „das auch hier bei uns passiert", wie es eine Teilnehmerin einmal formulierte. Das nachfolgende Praxisbeispiel einer Versicherungsgesellschaft zeigt einen wichtigen diesbezüglichen Faktor: Es macht einen signifikanten Unterschied, wenn Menschen in Organisationen ihre eigenen Geschichten erzählen und voneinander hören können. Dann ist dies nichts, was irgendwem irgendwo passiert, sondern gelebte Realität innerhalb der Organisation.

Praxisbeispiel: Diversität & Inklusion bei einer Versicherungsgesellschaft
Im Rahmen ihrer Aktivitäten zu Diversity & Inklusion hat ein Versicherungskonzern bereits im Jahre 2007 ein weltweit aktives *Inclusion Council* ins Leben gerufen, das die Umsetzung der Diversitäts-Strategie in allen Gesellschaften sicherstellen soll. [2] Dabei nimmt der Konzern ganz unterschiedliche Bereiche von Diversität in den Blick: Neben generationsübergreifender Diversität, kultureller Vielfalt, *gender balance* sowie dem Fokus auf psychologische Sicherheit für Personen jedweder sexueller Orientierung und der Inklusion von Menschen mit Behinderungen hat sich das Unternehmen auch die Berücksichtigung individueller Bedürfnisse die Arbeitszeit ihre Mitarbeitenden betreffend auf die Fahnen geschrieben.

Letzteres beinhaltet auch die Frage der Familienfreundlichkeit im Sinne der Vereinbarkeit von Beruf und Familie und ist deshalb besonders erwähnenswert, weil dieser Bereich nicht, wie häufig in Organisationen, unter dem Bereich der *gender diversity* gefasst wird. Dies führt häufig dazu, dass die Vereinbarkeit von Beruf und Familie ausschließlich oder zumindest stark im Hinblick auf Frauen gedacht wird, was sich wiederum darin ausdrücken kann, dass die Bedürfnisse von Vätern, beispielsweise in Sachen Elternzeit, nicht mitgedacht werden.

Um Mitarbeitenden die Gelegenheit zu geben, spezifische Erfahrungen rund um Diversität miteinander zu teilen und einzelnen Personen innerhalb der verschiedenen Minderheitsgruppen einen sicheren Raum und ein Gemeinschaftsgefühl zu bieten, gibt es im Konzern drei unterschiedliche Netzwerke, die von Mitarbeitenden geführt werden: ein Netzwerk für Menschen mit Behinderung, dessen Ziel es ist, Barrierefreiheit zu fördern und ein größeres Bewusstsein zum Thema Behinderung im Unternehmen zu erreichen; ein Gleichstellungsnetzwerk, das aus den globalen Frauennetzwerken hervorgegangen ist und Menschen aller Geschlechter offensteht; sowie das globale *LGBTIQ+*-Netzwerk.

Außerdem ist die Versicherungsgesellschaft Unterzeichnerin der Charta der Vielfalt e. V. und damit eines von derzeit (Stand: April 2021) 3800 Unternehmen, die die Charta unterzeichnet haben. Beim jährlich stattfindenden Diversity-Tag des Unternehmens lag der Fokus 2020 im Rahmen der digitalen Veranstaltung auf dem Thema *Unconscious Bias*. Hier wurde u. a. ein Lernparcours eingesetzt, mithilfe dessen die Beschäftigten tiefer in dieses Thema einsteigen konnten.

Ein weiteres Beispiel dazu, wie es gelingen kann, Aufmerksamkeit für Vorurteile und Diskriminierung innerhalb der Organisation zu schaffen, stammt aus dem sehr empfehlenswerten *Inclusion Nudges Guidebook* von Lisa Kepinski und Tinna C. Nielsen. Im Rahmen der **„Speech Bubble Intervention"** [3] empfehlen die beiden Autorinnen, reale Erfahrungen von Mitarbeitenden zusammenzustellen, indem diese ihre Erfahrungen mit inakzeptablen Verhalten anderer innerhalb der Organisation, von dem sie persönlich betroffen waren oder sind, in Ich-Form innerhalb einer Sprechblase schriftlich zu formulieren. Alle Sprechblasen werden dann beispielsweise in einem Besprechungsraum auf einer Wand ausgestellt.

> *„Speech Bubbles" helfen, reale Erfahrungen von Mitarbeitenden zusammenzustellen, indem diese ihre Erfahrungen mit inakzeptablem Verhalten anderer innerhalb der Organisation, von dem sie persönlich betroffen waren oder sind, schriftlich formulieren.*

Die im Guidebook vorgeschlagene Variante ist, Teilnehmer*innen eines Workshops oder aber das Management Team der Organisation in einer Veranstaltung dazu einzuladen, die Texte zu lesen, während sie vor der Wand stehen. Ich habe auch gute Erfahrungen damit gemacht, beispielsweise in digitalen Settings, die Teilnehmenden zu bitten, nacheinander jeweils eine der Sprechblasen laut vorzulesen. Einleiten lassen sich beide Varianten, so Kepinski/Nielsen, mit dem Satz: „Ihre Kolleginnen und Kollegen haben Ihnen etwas zu sagen/Your colleagues have something to tell you!" Damit werden die Anwesenden direkt adressiert, und die direkte Verbindung lässt sich weiter unterstreichen, indem die Gesamtzahl der Personen, die ihre persönliche Erfahrung formuliert und eingereicht haben, an zentraler Stelle für alle Anwesenden sichtbar ist. Auch lässt sich ein solches „Speech Bubbles Board" im Rahmen einer Awareness-Kampagne an zentraler Stelle in den Räumlichkeiten einer Organisation aufhängen, sodass nicht nur Workshop-Teilnehmende die persönlichen Geschichten lesen können, sondern jede Person, die dort vorbeigeht. Zentral bei dieser Intervention ist, so Kepinski/Nielsen: „The purpose is to make them *feel*, not rationalise." [4] Das macht insofern einen signifikanten Unterschied, als – dies habe ich unzählige Male in Trainings und Workshops zum Thema erlebt – Zahlen, Daten und Fakten Teilnehmende nur sehr eingeschränkt erreichen. Oft wird sehr schnell auf rein faktenbezogenen Input mit dem Hinweis reagiert, das sei woanders vielleicht so, hier aber nicht (mehr). Konkrete Erfahrungen von Personen im Raum zu haben, die ebenfalls Teil der Organisation sind und die die Anwesenden ggf. persönlich kennen, lässt das Thema nur sehr schwer ignorieren und wegschieben. Dennoch ist wichtig, die Geschichten der Menschen zu anonymisieren, damit sie nicht immer wieder und wieder mit der Diskriminierungserfahrung oder dem inakzeptablen Verhalten konfrontiert oder gar darauf angesprochen werden. Im Zweifelsfall empfiehlt es sich, Geschichten zusammenzufassen, wenn ansonsten die Anonymität der betroffenen Person nicht gewährleistet werden kann.

Praxisbeispiel: „Speech Bubbles" zu Gender Diversity
Im Zuge der Begleitung eines Unternehmens, das sich zum Ziel gemacht hat, insbesondere an der *Gender Diversity* zu arbeiten, habe ich die „Speech Bubbles" eingesetzt, um unter den Anwesenden eine Atmosphäre herzustellen, die sich am ehesten mit „We're in this together" beschreiben lässt. Ziel des Workshops war es, konkrete Ideen zu sammeln, an welchen Stellen Unterstützungsangebote und/oder Veränderungen von Bedingungen notwendig und hilfreich sind, um *Gender Diversity* zu fördern. Die Organisation hatte aus ihrer eigenen Sicht gute Gründe, nur Frauen* zu diesem Workshop einzuladen, beispielsweise wollte man einen geschützten Raum schaffen, in dem die Teilnehmer*innen sich zu ihren Erfahrungen austauschen konnten, und das schloss auch Diskriminierungserfahrungen und erlebte Grenzverletzungen ein. In den „Speech Bubbles" sammelten wir jedoch sowohl negative als auch

positive, weil unterstützende Erfahrungen, die die Anwesenden bisher innerhalb der Organisation gemacht hatten. So entstanden verschiedene Ergebnisse:

- Die Initiator*innen hatten nun anonymisierte, aber auf realen Begebenheiten aus der Organisation basierende Beispiele, die sie in der weiteren Kommunikation zum Thema verwenden konnten. Dies betraf sowohl Erfahrungen, die verändert/verbessert werden sollten als auch solche, die schon förderlich waren und verstärkend in der Kommunikation eingesetzt werden konnten.
- Die Teilnehmer*innen hatten die Gelegenheit, sich in einem geschützten Raum und unter der Prämisse der Vertraulichkeit und Anonymität zu ihren Erfahrungen und Erlebnissen auszutauschen. Ein nicht zu unterschätzender Effekt dabei ist die Bestätigung, mit den eigenen Erfahrungen nicht alleine zu sein. Allerdings kann dieser Effekt auch ins Gegenteil umschlagen, wenn die geteilten Geschichten so massiv und so ähnlich sind, dass das Gefühl entsteht, so sei das hier nun mal und das ließe sich wohl nicht ändern. Daher ist es wichtig, die „Speech Bubbles" professionell zu moderieren.
- Auf den geteilten Geschichten ließ sich in der weiteren Bearbeitung in vielerlei Hinsicht aufsetzen, denn bereits beim Teilen der Erfahrungen entwickelten die Teilnehmer*innen erste Ideen dazu, was passieren müsste, um das Beschriebene zu verändern, es zumindest künftig abzumildern, sein erneutes Auftreten unwahrscheinlicher zu machen oder mittels Transparenz einen anderen Blick innerhalb der Organisation darauf zu erzeugen.
- Sobald die „Speech Bubbles" in die Organisationsöffentlichkeit gelangen, wird Bagatellisierung deutlich schwieriger. Es gelingt dann nicht mehr so leicht zu behaupten, so etwas gebe es in der Organisation nicht oder das seien wenige Einzelfälle. Gleichzeitig ist es ein bisschen so wie mit den Kennzahlen: Alleine das Sammeln verändert noch nichts.

Direktes, persönliches Bewusstsein lässt sich auch über die andere Seite der Medaille, die **unbewussten Privilegien** schaffen. Hierzu lässt sich eine Variante des recht bekannten „Privilege Walk"-Videos nutzen, das es von unterschiedlichen Urheber*innen beispielsweise auf YouTube gibt: Um zu verdeutlichen, welchen Privilegien Menschen ihre Position, ihren Lebensstandard oder ähnliches zu verdanken haben, werden einer Gruppe von Personen Aussagen vorgelesen. Wann immer die entsprechende Aussage auf die Person zutrifft, soll diese einen (oder zwei) Schritt(e) nach vorn machen – wenn nicht, bleibt sie stehen. Am Ende stellt sich heraus, dass bestimmte Personen, wenn nun ein Wettkampfrennen zwischen den Anwesenden gestartet würde, eine deutlich günstigere Startposition hätten als andere. Im Kontext eines Trainings oder Workshops lässt sich die Methode auch einsetzen, entweder ebenfalls als *Privilege Walk* oder, beispielsweise in digitalen Formaten, indem der*die Facilitator*in die Aussagen nacheinander vorliest und die Anwesenden Striche auf einem Blatt Papier machen und anschließend dazu in Kleingruppen in den Austausch gehen, was ihnen im Laufe der Übung bewusst geworden ist. Falls die Gruppe in Hinblick auf *gender*, Herkunft, Religion und weitere Merkmale sehr homogen sein sollte und zu erwarten ist, dass die meisten Personen alle Aussagen mit Ja beantworten können, kann es hilfreich sein, entweder fiktive Identitäten zu verteilen und die Anwesenden zu bitten, aus der Sicht ihrer fiktiven Identität zu antworten, oder man bittet die Anwesenden, sich ein Merkmal auszusuchen, das sie gegenüber ihrer echten Identität verändern wollen für den Zweck der Übung – beispielsweise: Wie würden Sie antworten, wenn Sie gehbehindert wären, oder was wäre anders, wenn Sie eine andere sexuelle Orientierung hätten? Nachfolgende Beispielaussagen habe ich im Rahmen eines Unconscious-Bias-Programms für ein Beratungshaus gemeinsam mit Kolleg*innen verwendet:

1. Ich gehe davon aus, innerhalb meiner Organisation von den männlichen Kollegen auf Augenhöhe akzeptiert zu werden.
2. Wenn ich mich für eine neue Position bewerbe, stehen die Chancen bei über 50 %, dass ich für ein Vorstellungsgespräch eingeladen werde.
3. Ich kann ohne zu zögern mit meinen Kolleg*innen über meine familiäre Situation sprechen.
4. Unter den Senior Executives meiner Organisation gibt es Personen mit der gleichen sexuellen Orientierung, derer ich mich zugehörig definiere.

5. Wenn ich mit Empathie führe, wird das nicht mit meinem Geschlecht erklärt.
6. Ich kann darauf vertrauen, dass meine familiäre Situation keine Auswirkungen auf etwaige Beförderungsentscheidungen hat, die mich betreffen.
7. Mein*e Partner*in kann mich zu Firmenveranstaltungen begleiten, ohne dass dies besondere Aufmerksamkeit erregt.
8. In meinem unmittelbaren Umfeld innerhalb der Organisation gibt es Menschen mit derselben Hautfarbe, wie ich sie habe.
9. Ich kann darauf vertrauen, dass niemand innerhalb der Organisation glaubt, ich sei aufgrund meines Geschlechts befördert worden.
10. Unter den Senior Executives meiner Organisation gibt es Personen mit dem gleichen (sozialen) Geschlecht, mit dem ich mich identifiziere.
11. Wenn ich es schwierig fände, mit einer bestimmten Führungssituation umzugehen, würde das niemand innerhalb der Organisation meinem Geschlecht oder meiner sexuellen Orientierung zuschreiben.
12. Meine Karriere wird nicht durch meine familiäre Situation oder meine Familienplanung beeinflusst.
13. Ich kann darauf vertrauen, dass meine Kolleg*innen keine Kommentare zu meiner besonderen (oder geringen) Attraktivität machen.

Meine Kolleg*innen und ich haben im Debriefing der Kleingruppen, die sich nach den Aussagen dazu austauschen, was sie erlebt und reflektiert haben, deutlich sichtbare und spürbare Erkenntnisgewinne erlebt. Wie häufig (oder eben selten) machen wir uns schon bewusst, welche Privilegien wir im Leben genießen? Die Liste der Aussagen lässt sich selbstverständlich organisations- und kontextspezifisch anpassen, wir glauben jedoch, mit dieser Auswahl recht gut die Situation eines international tätigen und durchaus schon diversen Unternehmens zu adressieren. Vielleicht werden in Ihrer Organisation die Fragen zur Beförderung oder zur Einladung zu Vorstellungsgesprächen problemlos von allen mit Ja beantwortet – ist das jedoch auch bei der Frage bzgl. des Partners oder der Partnerin so? Wirkt sich die Familienplanung tatsächlich weder auf die Karriere von Männern* noch auf die von Frauen* aus? Was sagt man (ggf. hinter vorgehaltener Hand) über Männer*, die mehrere Monate Elternzeit nehmen – oder sogar die Hauptbetreuungsperson für den Nachwuchs sind? Wichtig ist aus unserer Sicht, im Debriefing des Erfahrungsaustausches darauf zu achten, dass nicht nur ein oder zwei Merkmale Gegenstand der Diskussion sind, das Thema also nicht nur beispielsweise auf *gender* reduziert wird.

> *Wie häufig (oder eben selten) machen wir uns schon bewusst, welche Privilegien wir im Leben genießen?*

Wenn es explizit um den Kontext *gender* geht, empfehlen sich zwei weitere Interventionen, die ich in entsprechenden Trainings und Workshops einsetze, beispielsweise auch in den Veranstaltungen, die ich zum Thema der Sexuellen Belästigung am Arbeitsplatz für Organisationen durchführe. Zum einen ist dies die Übung **„Nennen Sie berühmte…"**, die eine Fortführung des recht bekannten und bereits erwähnten „Surgeon Dilemma" (Kap. 1) und ebenfalls im „Inclusion Nudges Guidebook" zu finden ist. Hierbei geht es darum, implizite Assoziationen mit dem sozialen Geschlecht deutlich zu machen, wenn die Teilnehmenden beispielsweise bei der Frage nach Nobelpreisträger*innen oder Sportler*innen oder Staatsoberhäuptern mehrheitlich männliche Personen nennen – was statistisch gesehen die Norm ist. Wichtig ist hierbei, die Frage so zu formulieren, dass nicht schon durch den gefragten Begriff auf ein Geschlecht geschlossen werden kann, also beispielsweise: „Welche berühmten Personen fallen Ihnen zu folgendem Stichwort ein: Tennis (oder: Nobelpreis oder: Staatsoberhaupt)?" Sammeln Sie die Antworten, und fragen Sie die Anwesenden anschließend, was ihnen dazu auffällt. Meist ist die Geschlechterverteilung so offensichtlich, dass sehr schnell klar wird, wie sehr unser Gehirn hier Verkürzungen im Sinne des *gender bias* nutzt.

In den Trainings und Workshops zu Sexueller/Sexualisierter Belästigung am Arbeitsplatz nutze ich häufig spezifische **Fallbeispiele.** Das sind entweder solche, die ich selbst im Laufe meiner Tätigkeiten als (früher) Personalerin oder (heute) Beraterin innerhalb von Organisationen erlebt habe, oder aber solche, die wir vorab in der gemeinsamen Konzeptionsphase sammeln; Beispiele also, die aus der Organisation stammen, in der das Training oder der Workshop durchgeführt werden soll. Dies empfiehlt sich allerdings nur dann, wenn nicht direkt auf die betreffenden Personen geschlossen werden kann (siehe „Speech Bubbles Intervention"). Sollen neutrale Fallbeispiele gewählt werden, sind eine Reihe solcher in den Veröffentlichungen der Antidiskriminierungsstelle des Bundes zu finden, beispielsweise auch das nachfolgend zitierte.

Fallbeispiel: Länger andauernde sexuelle Belästigung, die nicht geahndet wird

Frau M. ist 25 Jahre alt und arbeitet in der Buchhaltung einer großen Firma. Da sie täglich Meetings in der logistischen Abteilung hat und der Weg dorthin durch das Lager führt, trifft sie täglich auf den Lagermeister, Herrn N.

Dieser freut sich immer, wenn Frau M. an ihm vorbeiläuft, und er macht ihr viele Komplimente. Er kommentiert ihre Frisur, ihre Kleidung, ihr Make-up und vor allem ihre Figur, stellt ihr viele persönliche Fragen und versucht mehrfach, sie zu umarmen.

Obwohl Frau M. sich am Anfang über die Komplimente freut, wird es ihr dann sehr schnell zu viel. Sie findet Herrn N. zu aufdringlich. Wenn sie sich bei den Kolleg*innen und später auch bei der Chefin beschwert, wird ihr gesagt, dass Herr N. mit allen jungen Frauen so umgehe, aber harmlos sei. Die Chefin sagt ihr sogar, sie solle sich nicht so anstellen, da ja „nichts Schlimmes passiert" sei und sie doch „dem alten Mann die Freude machen" könne.

Frau M. meidet künftig den Gang durch das Lager, wenn Herr N. anwesend ist [5].

An diesem Beispiel lassen sich wichtige Aspekte im Kontext der Sexuellen Belästigung am Arbeitsplatz in die Workshoparbeit einbringen:

- Mit den Teilnehmenden lässt sich anhand dieses Fallbeispiels in den Austausch darüber einsteigen, welche Unterschiede im Grenzempfinden es geben kann – eine der zentralen Herausforderungen

bei diesem Thema, denn nur weil eine Person einmal gesagt hat, dass sie dieses oder jenes noch akzeptabel findet, können wir eben nicht von dieser Person auf andere schließen (nach dem Motto: „Stell dich nicht so an, XY findet das auch unproblematisch.")
- Anhand der unterschiedlichen Phasen bzw. Wege von Grenzverletzung, die im Beispiel geschildert werden, kann mit den Teilnehmenden reflektiert werden, ab wann wer was als grenzverletzend empfindet und wie sich andere Personen, die Teil der Situation, aber weder verursachende noch betroffene Person sind, verhalten können. Was kann oder sollte ich als Kolleg*in tun, die*der diese oder eine ähnliche Situation beobachtet? Muss ich immer sofort einschreiten, oder gibt es auch die Möglichkeit, nachgelagert ins Gespräch zu gehen? (Anmerkung: Ich empfehle hierzu immer einen Dreischritt in der Kommunikation, der sowohl im Gespräch mit einer verursachenden als auch mit einer betroffenen Person angewendet werden kann: 1. Ich schildere meine Beobachtung der Situation – idealerweise ohne Bedeutungsbeimessung oder Beschuldigung! – und sage dann, dass diese mich immer noch beschäftigt. 2. Ich frage die andere Person, wie sie die Situation erlebt hat. 3. Ich frage, was aus Sicht der anderen Person nun weiter geschehen soll. Hier kann ich unterscheiden, je nachdem, ob ich mit der verursachenden oder mit der betroffenen Person spreche, also etwa: „Was denkst du, solltest du jetzt als nächstes tun, um die Situation zu klären?" gegenüber der verursachenden Person und beispielsweise „Welche Unterstützung oder welches Verhalten wünschst du dir jetzt von mir?" gegenüber der betroffenen Person. Und dann – ganz wichtig: zuhören!)
- Besonders hilfreich, so das Feedback, haben es Teilnehmende an meinen Trainings und Workshops bisher empfunden, dann noch einmal intensiv den Blick darauf zu richten, wie das eigentlich für Betroffene ist und was diese brauchen (und was absolut kontraproduktiv ist), um die Situation möglichst gut bewältigen zu können. Dazu gehört auch, auf struktureller Ebene (Interventionsebene 3) einmal zu überprüfen, welche Bedingungen möglicherweise Fehlverhalten fördern oder zumindest nicht sanktionieren und wie sich das ändern lässt. Auch hier gilt: Viel gewonnen ist bereits, wenn es gelingt, tabufreier über Grenzverletzungen zu reden und Räume zu

schaffen, in denen dieser Austausch nicht zur Besonderheit wird, sondern in denen er als normaler Bestandteil von Teamprozessen stattfinden kann. Die meisten Teilnehmenden gehen aus den Trainings und Workshops mit dem Auftrag an sich selbst, das Thema im nächsten regulären Teammeeting anzusprechen und das ab dann regelmäßig zu tun. Die Frage der Grenzverletzung lässt sich nämlich durchaus basal diskutieren unter der Überschrift: Wie wollen wir hier miteinander umgehen, und was machen wir, wenn wir uns darüber nicht einig sind? Wie gelingt es uns, die individuell unterschiedlichen Grenzen aller Teammitglieder zu respektieren und das immer wieder bewusst miteinander auszuhandeln?

3.4 Zur Wirksamkeit von *Unconscious Bias* Trainings

Trainings zum Thema *Unconscious Bias* stellen Learning & Development-Verantwortliche in Organisationen vor eine besondere Herausforderung. Die konstante Veränderung von Verhaltensweisen ist ohnehin schon etwas, das mit Trainingsmaßnahmen nicht einfach zu erreichen ist, und am Nachweis der Wirksamkeit von Maßnahmen beißen sich Verantwortliche schon lange die Zähne aus, denn selten lassen sich Wirkungen tatsächlich direkt bestimmten Maßnahmen zurechnen. Erschwerend kommt im Kontext von *Unconscious Biases* hinzu, dass von sozial erwünschtem Verhalten der Teilnehmenden auszugehen ist und überdies der sogenannte Hawthorne-Effekt berücksichtigt werden muss, nach dem eine Veränderung des Verhaltens und/oder der Leistung einer Person schon dadurch eintritt, dass diese Person sich unter Beobachtung weiß.

Joelle Emerson stellt in ihrer Forschung fest, dass 96 % der befragten Teilnehmenden an Trainings zu *Unconscious Bias* direkt nach ihrer Teilnahme sehr engagiert sind, in ihrem Verantwortungsbereich die Auswirkungen unbewusster Verzerrungen zu reduzieren [6]. Fraglich sei allerdings, ob dieser engagierten Grundhaltung dann auch tatsächlich Taten (und messbare Veränderungen) folgten. Eine besondere Herausforderung, so Emerson, bestehe in der Normalisierung von *Unconscious*

Bias, denn wenngleich diese weniger starke Verteidigungshaltungen hervorrufe, führe sie auch dazu, dass es noch wahrscheinlicher werde, dass die Handlungen der Teilnehmenden von unbewussten Stereotypen beeinflusst würden – in etwa nach dem Motto: Wenn das „normal" ist und allen so geht, muss ich mir ja keine so großen Gedanken darum machen. Zu lösen sei dies, indem man eine gesunde Balance zwischen Normalisierung des von Verzerrungen und Voreingenommenheiten beeinflussten Verhaltens und der Aufforderung zur bewussten Aufmerksamkeit darauf in den Trainings erreicht; außerdem sei hilfreich, den Inhalt der Trainings so konkret wie möglich um die jeweilige Arbeitsplatzsituation der Teilnehmenden herum zu strukturieren. Je näher an der Arbeitsumgebung und den -inhalten der jeweiligen Teilnehmenden die Trainingsinhalte seien, umso wahrscheinlicher, dass wir die Trainingsinhalte erinnern und umsetzen. Dies beziehe sich insbesondere auf die Effekte von *Unconscious Biases* bei Personalentscheidungen wie Recruiting, Karriereentwicklung, aber auch auf die Dynamiken innerhalb von Teams.

Schließlich – und dies ist eine generelle Handlungsempfehlung für die nachhaltige Verhaltensänderung – sei es wichtig, Handlungsbezogenheit zu erzeugen, beispielsweise durch das Setzen konkreter Veränderungsziele am Ende eines Trainings.

Um sich in die Situationen hineinversetzen zu können, in der sich Personen wiederfinden, die von Diskriminierung betroffen sind, schlägt Leila McKenzie Delis eine Übung vor, in der sich die teilnehmenden Personen an eine Situation erinnern, in der sie das Gefühl hatten, nicht dazuzugehören [7]. Sie stellt fest, dass sich Minderheiten zu rund einem Drittel ihrer Zeit damit beschäftigten, sich zu fragen, "how they fit in". Über den *stereotype threat* sowie die damit verbundenen Auswirkungen auf die Leistung von Personen habe ich bereits hingewiesen (Abschn. 1.6). Wenn Menschen sich zu rund einem Drittel ihrer Zeit fragen müssen, wie sie sich anders verhalten sollen, damit sie „hineinpassen", um „dazuzugehören", geht wertvolle Produktivität verloren – und das Gefühl, nicht dazuzugehören, wirkt sich auf die psychologische Sicherheit und auch auf die emotionale Stabilität von Teams und Einzelpersonen aus:

„To feel connected, humans need to feel seen, to feel heard and to feel valued. Conversely, when our voices aren't heard, our whole selves aren't seen and our ideas aren't valued, we feel disconnected. We feel disengaged. We feel like we don't belong." [7]

Wenn es um Verhaltensänderung geht, darf nicht außer Acht gelassen werden, dass hiervon immer auch die Frage unseres Selbstkonzepts, unserer Identität betroffen ist. Wie wir handeln, hat zu einem hohen Maße damit zu tun, wie wir uns selbst verstehen und verstanden wissen wollen. Ein zu geringer Grad an Kongruenz zwischen dem, wie wir uns aufgrund unseres Selbstverständnisses zu den Dingen verhalten wollen und wie wir es dann tatsächlich tun, hat Auswirkungen auf unser Bild und Empfinden von uns selbst. Daher ist es bei angestrebten Verhaltensänderungen wichtig, dass das zukünftige neue Verhalten nicht nur von unserer Umgebung gewünscht ist und von ihr positiv bewertet wird, sondern dass es auch zu unserem Selbstverständnis passt. Die Forschung von Patricia Devine zeigt zwei Motivatoren für eine Reduzierung der eigenen Voreingenommenheiten:

„[The] Internal motivation to respond without prejudice that is part of a personal belief system and external motivation to respond without prejudice that stems from a desire to not appear prejudiced to others." [8]

Daraus ergibt sich ein entscheidender Erfolgsfaktor für die Wirksamkeit von *Unconscious Bias* Trainings, nämlich die Kombination aus dem Setzen persönlicher Ziele der Teilnehmenden für sich selbst und der Erwartungen, die vom Umfeld an das Verhalten dieser Person gestellt werden. Das bedeutet: Es ist nicht ausreichend, dass ich als Teilnehmer*in an einem solchen Training mir eine eigene Verhaltensänderung zum Ziel setze, für deren Umsetzung ich lediglich meine eigene Motivation mitbringe. Wirksam wird das Training nur dann sein, wenn zu dieser Motivation für die eigene Veränderung auch eine passende Erwartung meines Umfelds hinzukommt. Im Umkehrschluss bedeutet das: Wird mein verändertes Verhalten von meinem Umfeld nicht akzeptiert, kritisiert und sanktioniert, steigt die Wahrscheinlichkeit, dass ich wieder in das alte Verhaltensmuster zurückfalle, immens. In den von Devine durchgeführten, dokumentierten und auf ihre Wirksamkeit untersuchten Workshops planten am Ende desselben durchschnittlich 87 % der Teilnehmenden, mindestens ein Element dessen, was sie im Workshop gelernt hatten, in eine Maßnahme zu übersetzen, mithilfe derer sie *gender equity* in ihrem Verantwortungsbereich unterstützen könnten.

Das unterstützt die Idee von Asif Sadiq, Head of Diversity & Inclusion bei Adidas, nach der gemeinsamen, geteilten Verantwortung für die Trainingsaktivitäten und die Lernreise einer Organisation und ihrer Mitglieder im Bereich *Diversity*. Er schlägt sogar vor, die Teilnehmenden in die Verantwortung zu nehmen, sich die Durchführung der Trainings zu teilen, indem jede Person im Team Verantwortung für einen oder mehrere Teile übernimmt, sodass der Erfolg der Trainingsaktivitäten zum gemeinsamen Ziel und zur *shared responsibility*, zur geteilten Verantwortung wird.

Was Sadiq beschreibt, habe auch ich gelegentlich in der Zusammenarbeit mit Organisationen erlebt. Manchmal steht im Vordergrund, *Diversity* als eines der zahlreichen Themen auf der Agenda abzuarbeiten, es ist eher ein „tick in the box" als eine wirklich nachhaltige Beschäftigung. Die Herausforderung solcher „Einmal-Aktionen" im Training: Nach einer Weile fällt man in alte Verhaltensmuster zurück, und oft findet in Trainings zu *Unconscious Bias* der erhobene Zeigefinger statt. Wichtig ist stattdessen: als Journey in den kontinuierlich Entwicklungsprozess der Organisation einbinden, Verhaltensänderung zu ermutigen und das Thema relevant für die entsprechende Person und deren Kontext in der Organisation machen. Daher ist für Sadiq erstes Kriterium, das Thema *Diversity, Inclusion & Belonging* zum integralen Bestandteil der *career journey* jedes Organisationsmitglieds zu machen – was für ihn im Übrigen auf jegliches Training zutrifft. Er nutzt fünf Strategien, um dies zu erreichen:

1. Verschiedene Lernformate anbieten, da Menschen auf ganz unterschiedliche Arten lernen;

2. Keine Hierarchieunterschiede – jede Person in der Organisation erhält dasselbe Training (um die Konsistenz der Botschaften sicherzustellen und den Austausch zu fördern);
3. Den Fokus auf langfristige Verhaltensänderung legen;
4. Einen längeren Zeitraum betrachten, sodass die Teilnehmenden sich ans Lernen zu dem Thema gewöhnen – make learning a habit;
5. Diversität als übergreifendes Thema nutzen – und dies auch in der Auswahl der Methoden und Quellen widerspiegeln, um den Diskurs anzuregen.

„What spans through all the five aspects of what I believe makes an effective diversity training program is that the concept of learning is a team exercise." [9]

Diese Betrachtungsweise geht auch einher mit dem Verständnis, dass alle Organisationsmitglieder miteinander die Kultur innerhalb der Organisation erzeugen und deren Veränderung weder von einigen wenigen beschlossen noch von einigen wenigen (der Personalabteilung oder dem Leadership Team) durchgeführt werden kann. Kultur ist ein Gemeinschaftsprodukt, und das gilt auch für ihre Veränderung.

Praxisbeispiel: Awareness-Workshops bei einem Telekommunikationsunternehmen
Wie unsinnig und destruktiv und auch wie willkürlich die Diskriminierung aufgrund von Merkmalen wie *gender,* Alter oder Herkunft ist, verdeutlicht ein Workshopformat, das bei einem deutschen Telekommunikationsunternehmen seit 2018 mit eindrücklicher Wirkung auf die teilnehmenden Führungskräfte durchgeführt wird. Im Workshop wird die Gruppe der Teilnehmenden anhand eines zugeschriebenen, willkürlichen Merkmals (blaue vs. braune Augenfarbe unabhängig von der tatsächlichen Augenfarbe der*des Teilnehmer*in) aufgeteilt, wobei allen Personen, die in die Gruppe der „Blauäugigen" eingeteilt werden, diskriminiert werden – sie machen Erfahrungen, wie sie in unserer Gesellschaft Nicht-Weiße, Migrant*innen und Nicht-Angehörige der christlichen Religionsgemeinschaft machen. Sie werden als den „Braun-Äugigen" unterlegen eingestuft und wie Menschen zweiter Klasse behandelt. Die Erfahrung, die die Führungskräfte in diesem Workshop machen, helfen ihnen, so das bisherige Fazit des Unternehmens, dabei, ihre eigenen Privilegien zu erkennen [10].

3.5 Veränderung in der Interaktion

Wenn es um die Ebene der Interaktion zwischen Individuen in Organisationen geht, sollte das Verhalten von Personen betrachtet werden, die Grenzverletzungen und Diskriminierung beobachten, also weder direkt von ihnen betroffen sind noch sie verursachen. Es geht also weniger um die Bewältigung von spezifischen Situationen, in denen Grenzverletzungen stattfinden, sondern vielmehr um die Frage, wie Menschen in Organisationen durch eine Veränderung der Interaktion, in der sie mit anderen Personen sind, einen Unterschied machen und zu einer diverseren und möglichst diskriminierungsfreien Umgebung beitragen können.

Hier ist vor allem das Konzept des *allyship* zu nennen, das vom Anti-Oppression Network wie folgt definiert wird:

> „An active, consistent, and arduous practice of unlearning and re-evaluating, in which a person in a position of privilege and power seeks to operate in solidarity with a marginalized group." [11]

Czollek et al. sprechen in diesem Kontext von Verbündet-Sein und definieren dies als „eine Art der politischen Freundschaft, in der die Anliegen der Anderen die je eigenen Anliegen sind – ohne dabei paternalistisch zu sein" [12].

Hilfreich scheint mir an dieser Stelle zu sein, das Bild der Lernkurve oder Lernreise noch einmal herauszustellen, das beispielsweise von Tupoka Ogette genutzt wird, wenn es um ihre Angebote zu rassismuskritischem Leben geht. Fehlerkultur und Fehlerakzeptanz ist an dieser Stelle ein wichtiges Stichwort, das besonders in der Interaktion einen Unterschied macht. Es geht nämlich, ähnlich wie in Trainings und anderen Lernformaten, nicht darum, mit erhobenem Zeigefinger auf etwas hinzuweisen, das eine Person falsch gemacht habe und/oder so nicht tun oder sagen dürfe, sondern es geht darum, selbstkritisch mit der eigenen Sprache und dem eigenen Verhalten zu sein. Hier ist im Übrigen auch immer besonders wichtig, auf das zu schauen, was man **nicht** gesagt und/oder **nicht** getan hat – eben beispielsweise, wenn es um die (mangelnde) Unterstützung von Grenzverletzung oder (weitere)

Diskriminierung Betroffener in einer akuten Situation oder im Nachgang zu dieser geht. Fehlerkultur und Fehlerakzeptanz bedeutet in diesem Kontext, dass es utopisch wäre zu glauben, es käme der Tag, an dem wir alle oder auch nur Einzelne keinerlei Fehler mehr im Hinblick auf Grenzverletzungen machten. Perfektion soll hier auch gar nicht das Ziel sein. Wenn besonders konsequenzenreiche, besonders schmerzhafte Verhaltensweisen und Worte vermieden werden können und wir ansonsten kritisch mit uns selbst umgehen, ist schon viel gewonnen.

> *Allyship bedeutet auch, dafür sensibel zu sein, dass es auch nichtbinäre Geschlechtsidentitäten gibt und jeder Person das Recht zuzugestehen, diese Entscheidung für sich selbst zu treffen.*

Das kann sich in der Praxis beispielsweise daran zeigen, dass wir Personen, mit denen wir zum ersten Mal im Kontakt sind, fragen, wie sie angesprochen und mit welchen Pronomen sie bezeichnet werden wollen (vgl. Abschn. 1.13). Möglicherweise ist Ihnen aufgefallen, dass ich in diesem Buch eine*n Autor*in mit beiden Pronomen bezeichnet habe. Das liegt daran, dass diese Person das so wünscht. *Allyship* bedeutet auch, hier sensibel zu sein und zu respektieren, dass es auch nichtbinäre Geschlechtsidentitäten gibt und jeder Person das Recht zuzugestehen, diese Entscheidung für sich selbst zu treffen. Wer Mails von mir erhält oder mir in den sozialen Medien folgt, wird feststellen, dass ich in meiner Signatur bzw. in meinen Profilen die weiblichen Pronomen hinterlegt habe. Gleiches gilt, wie bereits im Abschnitt über die Bedeutung von Sprache erwähnt, für meinen Zoom-Account. Immer wieder geschieht es, dass Menschen überrascht sind, weil sie zum ersten Mal mit der Idee in Berührung kommen, dass es auch andere Geschlechtsidentitäten als männlich und weiblich gibt. Das spricht übrigens dafür, dass mit der Einführung der Anredekategorie „divers" noch lange nicht in der Mehrheitsgesellschaft angekommen ist, warum hier eine Differenzierung wichtig ist.

Czollek et al. haben im Rahmen ihres Social Justice und Diversity Trainings eine Methode des dialogischen Streitgesprächs entwickelt. Mahloquet, so der Name der Methode, geht auf die jüdische Tradition der Interpretation religiöser Texte zurück und ist gekennzeichnet durch den Fokus auf die Ermöglichung einer gleichberechtigten Perspektivenvielfalt. Als normativer Referenzrahmen dienen dabei das Prinzip der Gewaltfreiheit sowie die UN-Menschenrechtscharta [13]. Aus meiner Perspektive ist die Mahloquet deshalb so interessant und hilfreich für Organisationen, weil sie das Grundverständnis von *Diversity, Inclusion & Belonging* repräsentiert, nicht zu einem Konsens im Sinne des Sich-Einigens auf ein Ergebnis (oder im Sinne des Gleichmachens) kommen zu wollen, sondern alle Perspektiven, Meinungen, Unterschiede gleichberechtigt nebeneinander stehen zu lassen: „Keine artikulierte Perspektive soll zu einem Dogma oder zur Ideologie erhoben werden." [14] Dabei fokussiert die Methode auf das bisher Nicht-Gewusste und erinnert damit an die Ebenen des Zuhörens in Otto Scharmers Theorie U (vgl. Abschn. 2.3). Die Methode ist insbesondere auch vor dem Hintergrund interessant für Organisationen, dass es eine verlorene Chance darstellt, Perspektiven von Diskriminierung Betroffener nicht zu hören und nicht einzubinden, wenn Strategien und konkrete Maßnahmen im Rahmen von *Diversity, Inclusion & Belonging* entwickelt werden. Wenn dies gemeinsam und vor allem mit Blick auf Intersektionalität geschieht, sind die Anstrengungen um ein Vielfaches nachhaltiger. Das beginnt im Rahmen der Interaktion bereits bei der Frage, wie unter Kolleg*innen oder innerhalb eines Teams mit dem Thema *Unconscious Bias* und der Frage nach Stereotypen, Vorurteilen und Diskriminierung umgegangen wird. Wenn in einem offenen, von Perspektivenreichtum geprägten Dialog unterschiedliche Beiträge gehört werden und es hauptsächlich um das Verständnis dessen geht, was ich noch nicht kenne und noch nicht weiß, entwickeln sich Teams in der gemeinschaftlichen Auseinandersetzung mit dem Themenkomplex und mit sich selbst im Sinne eines diskriminierungskritischen Miteinanders. Das kann beispielsweise Fragen des Umgangs miteinander (Begrüßung, Ansprache) ebenso umfassen wie Vereinbarungen dazu, wie Teammitglieder vor Grenzverletzungen geschützt werden können und wie das Team damit umgeht, wenn sie dennoch passieren.

Ganz praktisch kann sich die inklusive Kommunikation innerhalb eines Teams beispielsweise schon dadurch verbessern lassen, dass in Meetings eine Struktur eingeführt wird, die dafür sorgt, dass alle

Mitglieder gehört werden – etwa indem zu Beginn eines Meetings eine Runde stattfindet, in der jede Person die gleiche Zeit zur Verfügung hat, um Gedanken, Ideen und Perspektiven zu äußern, und/oder indem zuerst schriftlich festgehalten wird, was die einzelnen Personen jeweils denken, sodass Beiträge nicht zurückgezogen werden, weil ein*e Vorredner*in sich anders/gegensätzlich geäußert hat. Hilfreich kann hier zur Bewusstmachung des Status Quo sein, dass in mehreren Meetings die Zeit der jeweiligen Redebeiträge festgehalten und außerdem bestimmte Merkmale notiert werden, beispielsweise zur Frage, wie genderdivers die Diskussionsbeiträge sind. Aus der Forschung wissen wir, dass Frauen* in Meetings sehr viel häufiger von Männern* unterbrochen werden als andersherum, was häufig dazu führt, dass diese sich aus der Diskussion zurückziehen. Durch das Tracking von Redebeiträgen und -anteilen über einen Zeitraum lässt sich herausfinden, ob und inwieweit dies auf das jeweilige Team zutrifft.

3.6 Veränderung von Normen

In ihrem Werk *Vorurteile im Arbeitsleben* schreiben Domsch/Ladwig/Weber zur Frage der Vereinbarkeit von Familie und Beruf:

> „Die Idealvorstellung darüber, wie diese Aufgaben gemeistert werden, liegt bei 60% der Eltern mit Kindern unter drei Jahren inzwischen in einer partnerschaftlichen Aufteilung von Erwerbstätigkeit und Familienarbeit. [...] Die gelebte Realität ist jedoch überwiegend noch eine andere: Nur 14% der Elternpaare teilen Beruf und Familie partnerschaftlich auf. Die Mehrheit der Paare orientiert sich noch immer stark an einer traditionellen Rollenzuschreibung mit dem Mann als Familienernährer und der Frau als Zuverdienerin, die sich hauptsächlich um die Kinderbetreuung kümmert." [15]

In meinem im Frühjahr 2022 erschienenen Buch *FrauenStärken – Mit Working Out Loud die berufliche und gesellschaftliche Position von Frauen fördern* berichte ich unter anderem über Laura Halfas, damals noch verantwortlich für *Diversity & Inclusion* bei der Metro AG, zwischenzeitlich für Deloitte tätig. In der Hauptsache geht es in der Passage, die im Rahmen eines Gespräches mit ihr und Mavie John, tätig bei Vodafone, entstanden ist, um das Netzwerk von Frauennetzwerken, das die beiden ins Leben gerufen haben. Am Rande jedoch sprachen wir und schreibe ich auch darüber, was Laura Halfas und ihr Mann zu der Frage Väter und Elternzeit bzw. Väter und Kinderbetreuung erlebt haben. Das ist für unseren Kontext insofern relevant, als manches davon, wie im obigen Zitat, tradierten und nach wie vor verfestigten Rollenzuschreibungen geschuldet ist, einiges aber auch mit der Frage zu tun hat, welche Rolle die Organisationen an dieser Stelle spielen und auch spielen könnten. Denn ob und wie ein Vater sich aktiv in die Kinderbetreuung einbringt und wie partnerschaftlich sich diese Frage organisieren lässt, hängt nicht nur davon ab, ob ein Unternehmen eine Kita bereitstellt oder (finanziell) unterstützt, sondern ganz stark auch davon, welches Bild eine Organisation davon hat und darüber vermittelt, was es bedeutet, als Vater Elternzeit zu nehmen (über ein paar wenige Wochen hinaus).

Das ist deswegen so relevant, weil mir nach wie vor in der Beratungsarbeit die Haltung begegnet, als Mann Elternzeit zu nehmen, sei gleichbedeutend mit dem vielzitierten vorprogrammierten Karriereknick (den Mütter allzu gut kennen). Ähnliches gilt für in Teilzeit arbeitende oder arbeiten wollende Väter, auch und besonders, wenn sie Führungspositionen innehaben. Es gibt soziologische Untersuchungen dazu, worauf die Ängste beruhen bzw. was sie beinhalten, die dazu führen, dass Väter sich hier nach wie vor scheuen, partnerschaftlicher in Sachen Kinderbetreuung zu agieren. Hier wird beispielsweise die Angst genannt, als zu gering engagiert wahrgenommen zu werden, ebenso, dass Elternzeit häufig und besonders bei Vätern mit Urlaub bzw. einer längeren Auszeit gleichgesetzt wird – was möglicherweise damit zu tun hat, dass früher der Begriff Erziehungsurlaub verwendet wurde. Überdies sitzen in vielen Entscheidungspositionen nach wie vor Männer, die aus ihrer eigenen Historie eine tradierte, konservative Rollenverteilung kennen und sich nicht vorstellen können, dass es auch anders geht. In vielen Gesprächen höre ich: Wenn die Führungskraft, die die Elternzeit oder Teilzeit zu genehmigen hat, entweder weiblich ist und selbst Kinder hat oder männlich und bereits selbst partnerschaftlich(er) mit der Frage der Rollenverteilung umgeht, stehen die Chancen deutlich besser, einen positiven Entscheid zu bekommen, ohne mit Stigmatisierung rechnen zu müssen, als wenn der Vorgesetzte der klassische Alleinverdiener ist, dessen Frau sich weitestgehend alleine um die Kinderbetreuung kümmert oder gekümmert hat.

Wenn es also um die (sukzessive) Veränderung von Normen geht, dann haben – jedenfalls in diesem Kontext – Organisationen eine immense Bedeutung und einen gewichtigen Einfluss. Da sich der berufliche Teil der Vereinbarkeit von Familie und Beruf zumindest in den Fällen, in denen Personen im Rahmen ihrer Berufsausübung Teil einer Organisation sind, in diesen abspielt, haben Unternehmen und andere Formen von Organisation hier eine gewichtige Wirkmacht. Je besser es gelingt, tradierte Rollenkonzepte aufzubrechen und partnerschaftliche Rollenverteilung zu etablieren und zu normalisieren, d. h. je mehr Väter „ungestraft" Elternzeit nehmen und/oder in Teilzeit ihrer (Führungs-) Arbeit nachgehen können, desto schneller verändert sich die gesellschaftliche Norm an dieser Stelle. Umso wichtiger, hier den bereits zitierten Gedanken von Jutta Allmendinger in ihrer gleichlautenden Streitschrift als Grundannahme zu setzen: Es geht nur gemeinsam. *Gender Diversity* darauf zu reduzieren, Frauen mit Verhaltenstrainings und/oder mehr Betreuungsangeboten unterstützen zu wollen, ist viel zu kurz gedacht und im Zweifelsfall sogar kontraproduktiv – dort nämlich, wo dadurch tradierte Rollenzuschreibungen konserviert werden.

Ganz allgemein mit Blick auf Diversität in Organisationen hat Aletta von Hardenberg, seinerzeit noch Geschäftsführerin der Charta der Vielfalt, in einem Interview mit der Zeitschrift für Organisationsentwicklung folgendes gesagt:

> „Diese Unternehmen [der New Economy, Anm. d. Verf.] meinen, sie rekrutieren vielfältiger und sind überzeugt, wenn sie Menschen aus fünf Nationen haben und alle Geschlechter und einen selbstverständlichen Umgang mit schwulen, lesbischen oder Trans-Menschen, dass das ausreicht, und es ist ja schon ein guter Schritt, vorurteilsfreier miteinander umzugehen, aber nur vielfältige Menschen zu haben, reicht nicht. Ich muss meine Kultur und meine Prozesse entsprechend anpassen. Wenn ich trotzdem bei der Beförderung und anderen wesentlichen Entscheidungen in die alten Prozesse verfalle, dann nutzt es mir überhaupt nichts." [16]

Wie Prozesse nachhaltig verändert und damit Normen konsequent neugestaltet werden können, zeigen auch die Bestrebungen einiger Organisationen im Bereich des Recruitings. Das beginnt bei der möglichst diversen Zusammensetzung von Auswahl- und Besetzungsgremien (die sich sinnvollerweise auch bezüglich der Aspekte Beförderung und Identifikation für Karriereentwicklung fortsetzt, also beispielsweise bei Assessment Centers), geht über die (freiwillige) Festlegung von Quoten für Gremien, Projektteams etc. und kann sogar den Aspekt der Sprache betreffen. Hierzu nachfolgend das Beispiel eines meiner Kundenunternehmen, des Beratungshauses CGI, das ein Tool entwickelt hat (und auch außerhalb des eigenen Organisationskontexts bereitstellt), mittels dessen genderbezogen konnotierte Formulierungen in Texten, beispielsweise in Stellenausschreibungen, identifiziert und verändert werden können. Dabei lebt man einen kooperativen Ansatz, denn alle, die das Tool nutzen, können die Datenbank mit Formulierungsbeispielen ergänzen.

Praxisbeispiel: „scan neutral"
Im Rahmen der Diversity Challenge 2021 und beim Pride Day entstanden Ideen und Initiativen, die sich mit Vielfalt am Arbeitsplatz befassten. Es handelte sich dabei um einen Wettbewerb im Kontext des ersten Pride Day Germany auf Initiative der Charta der Vielfalt. Ein Team von Studierenden unterschiedlicher Hochschulen entwickelte mit Unterstützung von und für den Einsatz beim Beratungsunternehmen CGI die Software „scan neutral", die in Veröffentlichungen im Allgemeinen, speziell auch in Stellenanzeigen, Formulierungen auf Geschlechtsneutralität hin analysiert und Alternativvorschläge macht. Dadurch soll Vielfalt in der nach wie vor eher männlich geprägten IT-Welt unterstützt werden. „scan neutral" funktioniert nicht nur sehr einfach und intuitiv, Nutzer*innen können sogar eigene Formulierungsvorschläge ergänzen, sodass die entsprechende Datenbank mit jeder Anwendung potenziell weiter wächst. Interessierte können Texte, u. a. auch im Rahmen von Stellenanzeigen, in unterschiedlichen Dateiformaten hochladen oder den Text in ein Eingabefeld kopieren. Die Software zeigt dann Begriffe an, die entweder eher männlich oder eher weiblich gelesen werden, und schlägt für diese geschlechtsneutrale Synonyme vor.

Verschiedene Studien zum Thema *Gender Bias*, u. a. der Technischen Universität München, bestätigen, dass das Bewerbungsverhalten von Frauen* von geschlechtsspezifischen Konnotationen in den Stellenausschreibungstexten beeinflusst wird. Beispielsweise werden Begriffe wie „durchsetzungsfähig",

„eigenständig" oder „aktiv" eher männlich konnotiert, während Worte wie „gemeinsam", „unterstützend" oder „teamfähig" eher weiblich gelesen werden. In der Konsequenz bewerben sich Frauen* eher nicht, wenn in der Stellenanzeige eher männlich konnotierte Begriffe verwendet werden, während die Verwendung auf das Bewerbungsverhalten männlicher Kandidaten keinen signifikanten Einfluss hat.

CGI gehört zu den weltweit größten Unternehmen für IT und Business Consulting. Das international tätige Unternehmen hat seinen Hauptsitz in Kanada und wurde 1976 gegründet. Die CGI Deutschland ist Unterzeichnerin der Charta der Vielfalt und setzt sich für Chancengleichheit und Toleranz in der Arbeitswelt ein, u. a. mit Weiterbildungsprogrammen, im Bereich der Gehälter und Arbeitszeiten sowie bei der Leistungsbeurteilung.

Ihr Transfer in die Praxis

1. Echte Diversität in Organisationen kann dann am besten erreicht werden, wenn *Diversity, Inclusion & Belonging* im Rahmen der Organisationsentwicklung ganzheitlich betrachtet und iterativ bearbeitet wird.
2. Hierzu empfiehlt sich der Blick auf drei Interventionsebenen: die individuelle/psychosoziale Ebene der einzelnen Organisationsmitglieder; die Ebene der Interaktion zwischen Individuen, beispielsweise innerhalb der Teams, Abteilungen und Bereiche der Organisation; sowie der Blick auf strukturelle Programme, Entscheidungs- und Kommunikationswege sowie die Unternehmenskultur.
3. Insbesondere an der Veränderung gesellschaftlicher Normen können Organisationen teilhaben, indem sie sich nach innen und außen klar zu echter Diversität bekennen und positionieren.

Literatur

1. Vgl. Grubendorfer, Christina (2019): Einführung in systemische Konzepte der Unternehmenskultur. Carl-Auer
2. Inclusion & Diversity (allianz.com), zuletzt abgerufen am 01.05.2022
3. Kepinski, Lisa; Nielsen, Tinna S. (2020): The Inclusio Nudges Guidebook. (Selbstverlag), S. 148
4. Kepinski, Lisa; Nielsen, Tinna S. (2020): The Inclusio Nudges Guidebook. (Selbstverlag), S. 151

5. https://www.antidiskriminierungsstelle.de/DE/startseite/startseite-node.html, zuletzt abgerufen am 01.05.2022
6. Emerson, Joelle (2017): Don't Give Up on Unconscious Bias Training – Make It Better, https://hbr.org/2017/04/dont-give-up-on-unconscious-bias-training-make-it-better, zuletzt abgerufen am 01.05.2022
7. McKenzie Delis, Leila (2019), S. 38
8. Devine, Patricia et. al. (2018): Promoting Institutional Change Through Bias Literacy. In: Journal of Diversity in Higher Education, S. 65
9. Sadiq, Asif: The Diversity and Inclusion learning journey | LinkedIn, zuletzt abgerufen am 01.05.2022
10. https://www.charta-der-vielfalt.de/erfolgsgeschichten/zeige/blue-eyes-brown-eyes-workshops/, zuletzt abgerufen am 01.05.2022
11. https://theantioppressionnetwork.com/allyship/, zuletzt abgerufen am 01.05.2022
12. Czollek, Leah Carola; Perko, Gudrun; Kaszner, Corinne; Czollek, Max (2019^2): Praxishandbuch Social Justice und Diversity. Theorien, Training, Methoden, Übung. Beltz Juventa, S. 40
13. Czollek, Leah Carola; Perko, Gudrun; Kaszner, Corinne; Czollek, Max (2019^2): Praxishandbuch Social Justice und Diversity. Theorien, Training, Methoden, Übung. Beltz Juventa, S. 51 ff
14. Czollek, Leah Carola; Perko, Gudrun; Kaszner, Corinne; Czollek, Max (2019^2): Praxishandbuch Social Justice und Diversity. Theorien, Training, Methoden, Übung. Beltz Juventa, S. 51
15. Domsch, Michael; Ladwig, Désirée; Weber, Florian (2019): Vorurteile im Arbeitsleben. Unconscious Bias erkennen, vermeiden und abbauen. Springer Gabler, S. 81 f
16. Interview mit Aletta von Hardenberg, Zeitschrift Organisationsentwicklung, Ausgabe 1/2021, S. 23

4

Fazit

Die Beschäftigung mit Diversität ist für Organisationen zu einem zentralen Thema geworden – mit diesem Satz beginnt der Einleitungstext zu diesem Buch, und dieser Satz ist geprägt vom Verständnis, dass Organisationen einen wesentlichen Anteil an der Schaffung und Veränderung gesellschaftlicher Rahmenbedingungen haben. Wenngleich sich dieses Buch hauptsächlich an Menschen in Organisationen richtet, in denen es um Erwerbsarbeit geht, gelten die Beschreibungen, die Ideen und die Fragen, die dieses Buch liefert, für andere Arten von Organisationen ebenso, denn allen Arten von Organisationen ist eines gemein: Ihre Mitglieder beschäftigen sich mit dem Treffen von Entscheidungen, und das permanent. Wie gut diese Entscheidungen im Sinne der Gleichbehandlung sind, wie kompetent und wirksam ihre Mitglieder mit den Entscheidungsprozessen umgehen und wie bewusst sie dabei ihre eigenen Verzerrungen, Voreingenommenheiten, Stereotypen und Vorurteile hinterfragen, ist entscheidend für das Gelingen von Diversität.

Wenngleich der Rahmen einer Publikation, die in der Reihe „Quick Guides" erscheint, im ihrem Umfang begrenzt ist und daher vieles nur anreißt, manches möglicherweise gar nicht in den Blick nimmt, vertraue ich als Autorin darauf, Ihr tieferes Interesse an der einen oder anderen Stelle geweckt zu haben. Es gibt noch sehr viel mehr zu erfahren und zu hinterfragen, sowohl was die Grundlagen im Bereich *Unconscious Bias* angeht – es gibt sehr viel mehr Arten unbewusster Verzerrungen, als in diesem Buch explizit angesprochen werden –, als auch was unterschiedliche Arten von Diskriminierung angeht.

Im Praxisteil dieses Buchs, insbesondere in Abschn. 2.6, in dem es um die Anwendungsgebiete geht, habe ich mich etwas tiefer mit *Gender Bias,* mit *Age Bias* sowie mit Ableismus und Klassismus auseinandergesetzt. Gerade die letzten beiden Diskriminierungsformen sind nach meiner Erfahrung in Organisationen noch (zu) selten Gegenstand der Auseinandersetzung. Es gibt einige Initiativen, die an einer diesbezüglichen Veränderung mit Nachdruck und viel Energie arbeiten. Ein Beispiel dafür ist das Netzwerk Chancen, das sozialen Aufstieg fördert, indem es Programme für sogenannte Aufsteiger*innen anbietet, beispielsweise Mentoring oder Unternehmenspartnerschaften. Ich selbst bin im vergangenen Jahr erstmalig als Mentorin im Rahmen einer Tandempartnerschaft mit einer Aufsteigerin aktiv gewesen. Als Person, die selbst sozial aufgestiegen ist (in meiner Herkunftsfamilie gibt es keinen akademischen Hintergrund), ist es mir ein besonderes Anliegen, junge Erwachsene mit meiner Erfahrung und auch meinen Netzwerkkontakten ehrenamtlich zu unterstützen. Wichtig dabei ist aus meiner Sicht, eine solche Tandempartnerschaft auf Augenhöhe zu betrachten und zu leben. Es geht nicht etwa darum, gönnerhaft über die eigenen Held*innengeschichten zu berichten und zu erwarten, dass die*der Aufsteiger*in zuhört und lernt – um es mal sehr pointiert zu formulieren. Ich habe den regelmäßigen Austausch mit meiner Tandempartnerin als kollegialen Austausch mit jemandem erlebt, die einfach weniger Berufsjahre hat als ich, der sich ähnliche Herausforderungen stellen, wie ich sie vor einigen Jahren oder Jahrzehnten so oder so ähnlich auch erlebt habe, und wir beide haben im Rahmen dieses Austausches viel voneinander lernen können.

Wenn es **den einen zentralen Gedanken** gibt, von dem ich mir wünsche, dass Sie als Leser*in dieses Buchs ihn mitnehmen, dann ist das die Enttabuisierung der Kommunikation über Diskriminierung als – in meinem Verständnis – sine qua non, als Grundvoraussetzung für die Schaffung diskriminierungsfreier Räume in Organisationen und damit auch in der Gesellschaft. Organisationen sind hier nach meinem Dafürhalten in einer ganz zentralen und unumgänglichen Verantwortung, und diese geht auf einen der Grundgedanken des Allgemeinen Gleichbehandlungsgesetzes (AGG) zurück: Beschäftigte müssen im Rahmen der Ausübung ihrer Beschäftigung besonders vor Diskriminierung geschützt werden.

Das gelingt dann, wenn alle Menschen innerhalb der Organisationen verstehen und erkennen, was Diskriminierung ist, wie sie entsteht, dass sie uns alle betrifft und dass es nicht nur um individuelles Verhalten, sondern insbesondere auch um die Schaffung und Veränderung struktureller und institutioneller Grund- und Rahmenbedingungen geht. Wenn das erreicht ist, und wenn gleichzeitig das Verständnis herrscht, dass erstens Diskriminierung uns alle betrifft, weil ihre Basis in die Funktionsweise des menschlichen Gehirns quasi eingebaut ist und zweitens diese Normalisierung nicht bedeutet, dass wir ja ohnehin nichts daran ändern und es dann auch einfach akzeptieren können, dann ist ein großer Schritt getan.

Was es dazu nach meiner Erfahrung auch braucht, sind Entscheider*innen in Organisationen, die mit Mut und Power und mit gutem Beispiel vorangehen, die das Thema *Diversity, Inclusion & Belonging* oben auf die Agenda schreiben **und** die verstanden haben, dass das kein Thema ist, das hinter den „eigentlichen" Businessthemen stehen und dann stattfinden kann, wenn mal noch Zeit ist, sondern dass es ein originäres Businessthema **ist**.

Ohne einzelne Namen zu nennen, bedanke ich mich an dieser Stelle herzlich bei all den mutigen und hartnäckigen Menschen, die ich in den mehr als fünfundzwanzig Jahren, die ich nun schon in und mit Organisationen tätig bin, kennenlernen durfte und die sich echte Diversität auf die Fahne geschrieben haben und das auch permanent leben und verteidigen. Denen es nicht reicht, Häkchen auf Anwesenheitslisten zu setzen, denen es nicht reicht, Kennzahlen zu dokumentieren und mit den Achseln zu zucken, wenn diese über Jahre unverändert bleiben, sondern die dranbleiben und Diversität als Teil ihres ganz persönlichen Wertesystems zum festen Bestandteil des Wertesystems der Organisationen gemacht haben, denen sie angehören. Denn auch das sind Held*innengeschichten.

The manufacturer's authorised representative in the EU is Springer Nature Customer Service Centre GmbH, Europaplatz 3, 69115 Heidelberg, Germany. If you have any concerns regarding our products, please contact ProductSafety@springernature.com

Printed and bound by CPI Group (UK) Ltd, Croydon, CR0 4YY
23/03/2026
02076465-0014